꽃이 되어 추는 춤

황해도 무형문화재 제4호 화관무

꽃이 되어 추는 춤

황해도 무형문화재 제4호 화관무

차지언

보고사
BOGOSA

2013 제54회 한국민속예술축제 (1)

2013 제54회 한국민속예술축제 (2)

2016 제5회 이북5도무형문화재축제 어울림 남산한옥마을 (1)

2016 제5회 이북5도무형문화재축제 어울림 남산한옥마을 (2)

2018 사) 한국전통춤협회 정기공연 국립국악원 예악당 (1)

2018 사) 한국전통춤협회 정기공연 국립국악원 예악당 (2)

8

2018 사) 한국전통춤협회 정기공연 국립국악원 예악당 (3)

2019 동락태평 부평아트센터 해누리극장

2018 스승을 그리는 마음 천덕사은 부평아트센터 (1)

2018 스승을 그리는 마음 천덕사은 부평아트센터 (2)

황해도 무형문화재 제4호 화관무
예능보유자 김나연

제1회 이북5도 무형문화재 축제
김나연 선생님과 국립극장
하늘극장 분장실에서

2018 대한민국무용대상 본선 신세계스퀘어 (ⓒ HanFilm)

제1회 이북5도무형문화재축제 국립극장 하늘극장 (1)

제1회 이북5도무형문화재축제 국립극장 하늘극장 (2)

제1회 화관무보존회 정기공연 부평아트센터 해누리극장

2016 3인3색전 인천 계양문화회관

예인 민천식을 기억하며

어려서부터 들어온 민천식 선생님의 이야기는 가슴 먹먹한 한 편의 드라마를 보는 것 같았습니다.

제게는 큰 스승이신 나의 어머니 김나연 선생님, 같은 스승 밑에서 춤 공부를 하며 인연이 된 김정순 선생님과 만나 스승 민천식 선생님을 추억하며 이야기 나눌 때면 목소리는 늘 들떠있었고 소녀와 같이 상기되었습니다.

어느덧 스승의 나이를 훌쩍 지난 두 분은 선생님의 버선발, 선생님의 손끝 하나까지 기억하며 스승의 몸짓이 혹여 잊혀질까 시간 가는 줄 모르고 이야기를 나눕니다.

스승의 춤추는 모습이 마치 한 마리의 새 같기도 하고 어느 날은 웅장한 나무 같기도 했다며 꿈꾸는 듯한 눈으로 스승의 모습을 생생하게 그리는 김나연 선생님과 커다란 용을 종이로 만들어 송림초등학교 운동장에서 용춤을 추셨던 스승의 그 멋진 춤을 못 배워 전승을 못한 것이 한이라는 김정순 선생님.

두 분은 여전히 스승과 함께하고 있었습니다.

한 시대를 풍미했던 원로 국악인 김진환(예명 김빽국)선생님 역시 스승 민천식을 천재라 표현합니다. "장구를 치면 장구가 울고, 북을 치면 북이 울고……발디딤이 기가 막혔지." 춤과 소리는 물론 못 다루는 악기도 없고 노래 가사를 쓰고 공연 대본까지 척척 만들어내는 스승을 '우리네랑은 차원이 다른 사람'으로 기억하고 있었습니다.

민천식 선생님의 춤과 소리를 직접 보고 듣지는 못했지만 스승을 기억해 내는 노년의 제자들 표정만 보아도 선생님의 역량과 예술혼 그리고 인자한 성품까지 가늠할 수 있었습니다.

그들은 입을 모아 당신들의 스승을 '비운의 천재'라 이야기합니다. 한국전쟁 이후 인천에 정착하여 인천국악원을 설립한 민천식 선생님은 인천국악원 좁은 사무실에서 종이 먼지가 온몸에 뒤엉킨 채 손수 탈을 만들고 채록본 녹음을 위해 밤을 새워 대본을 쓰고 음악을 정리했습니다. 그 노력으로 봉산탈춤이 1967년 국가무형문화재 제17호로 지정되며 놀량 창과 사자마부의 예능보유자로 인정받기에 이릅니다.

그러나 그 기쁨을 채 누릴 새도 없이 예능보유자 인정서를 받던 날 돌연 세상을 떠나셨습니다.

스승의 초라한 장례식을 생생히 기억하며 김정순 선생님은 너무도 기막힌 일이라며 아직도 안타까워하십니다.

일제강점기와 한국전쟁 그 혼돈과 격동의 시대를 거치며 서해권 전통예술 복원과 정착에 인생을 바친 의식있는 예인 민천식.

그리고 그로 인해 전승된 우리 춤 화관무, 그 역사를 묻어 두기엔 제 마음의 동요가 너무도 컸습니다.

수많은 밤을 새우며 자료를 찾고, 선생님들을 따라다니며 스승의 이야기를 채록하여 어느덧 화관무의 전승체계, 민천식 선생님이 추구한 춤의 세계와 사상성을 미약하나마 정리할 수 있게 되었습니다.

여전히 더 많은 자료를 정리하여 그 완전한 체계를 구축해야 하지만, 그 연구의 초석을 이루었음에 스스로를 위로합니다.

지난봄, 박사학위 논문을 들고 찾아뵈었던 김정순 선생님께서 눈물을 훔치시며 하신 말씀이 아직도 저를 먹먹하게 합니다.

"고맙다. 아가야. 내가 죽으면 하늘나라에서 우리 선생님을 어떻게 볼까 했는데 이제 당당하게 만날 수 있어. 우리 선생님 이야기가, 우리 선생님 춤이 이 세상에 남겨질 테니까 말이야."

선생님의 그 날, 그 말씀이 전승의 역사를 기록해야 한다는 부담감으로 고전했던 고된 날들을 한순간에 잊게 했습니다. 그리고 또 민천식 계보의 전통춤 복원과 전승의 의지를 더욱 다지게 되었습니다.

우리에게 아름다운 전통예술의 중요성을 각인시킨 의식 있는 예인 민천식. 이른 타계로 그의 공로가 인정되기도 전에 잊혀질 위기에 있었던 '천재 예인 민천식'의 이야기를 할 수 있는 저의 환경이 새삼 자랑스러워집니다.

그리고 철없는 막내딸을 험한 길에 서게 했다고 자책하며 늘 노심초사하시는 나의 어머니, 평생 큰 스승이신 김나연 선생님은

제게 세상을 사는 도리를 가르쳐주셨고 아픔을 이겨낼 힘을 주셨으며,

내 것이 없어도 욕심내지 않고 더 내어줄 수 있는 마음을 주셨습니다.

아직은 어머니의 마음과 가르침을 모두 행하기에 부족하지만 앞으

로도 늘 더 좋은 사람으로 살아갈 수 있는 마음 훈련을 하겠습니다.

'어머니, 지금처럼 더 오래 지켜봐주세요.

어머니가 걱정하시는 가시밭길이 무엇보다 아름다운 이 길, 꽃길이 될 수 있도록 온 마음을 다하겠습니다.'

이 글로 또다시 기뻐하실 선생님들의 모습을 그리며 앞으로도 쉼 없이 연구하고 전통춤의 올바른 계승을 위해 노력하는 사람이 되기를 다짐해 봅니다.

2021년 10월에

민천식 선생님은

1898년 황해도 사리원출생으로 부유했던 어린 시절 부모의 권유로 우연히 배운 탈춤이 평생의 업이 되어 예인의 길을 걸은 당대 최고의 예인입니다.

일제강점기, 평양 숭실중학교에 진학한 그는 청소년기 애국의식의 성장으로 자신만의 예술에 의미를 더하는 일들을 이루었습니다.

황해도지역을 거점으로 권번 예기들의 교육을 맡아 이왕직아악부에서 학습한 궁중 예술의 체계를 보급했고, 황해도지역 전통 예술 발전을 위해 노력하셨습니다. 한국전쟁 이후에는 인천지역을 거점으로 해서탈춤 복원과 전통예술 전승에 몰두하였습니다. 특히 어린 시절 그에게 예인의 꿈을 심어 준 봉산탈춤의 연희체계 구축을 위한 복원작업에 전념하여 봉산탈춤의 국가무형문화재 지정에 큰 공로를 세우셨습니다. 그러나 그 기쁨을 누리기도 잠시, 1967년 6월 국가무형문화재 제17호 봉산탈춤 예능보유자 지정통지서가 도착하던 날 자택에서 심장마비로 세상을 떠나셨습니다.

김나연 선생님은

1939년 황해도 연백군 출생으로 혜성초등학교 입학과 동시에 어린이 유희단에 선발되며 무용을 시작하였습니다. 한국전쟁의 발발로 부모님과 함께 월남하여 인천에 정착한 그녀는 중학교 진학과 함께 당시 인천지역에서 유명했던 민천식 선생님의 인천국악원을 찾아가 선생의

문하에 입문하며 사제의 연을 맺게 됩니다. 중·고등학교시절 내내 고전
무용발표회 등 학생부 공연의 중심에 섰던 그녀는 이 시기에 공연 연습
을 하며 성인반에서 활동하던 김실자, 김정순 선생님과 인연을 맺게
됩니다. 결혼 후, 남편의 지원으로 작은 한옥에서 무용연구소를 운영하
던 김나연은 자녀교육과 내조를 위해 연구소 운영을 중단하기에 이릅
니다. 그러나 춤에 대한 열정으로 공백기를 뛰어넘어 다시 무대에 섭니
다. 그리고 스승의 춤을 잊지 못한 그녀는 인천을 거점으로 스승의 춤을
복원하고 전승하게 됩니다. 스승을 그리며 전승체계를 정립한 노력으
로 2011년 8월 황해도무형문화재 제4호 화관무 예능보유자로 인정받기
에 이릅니다. 그녀의 스승을 존경하는 마음이 유실 위기의 황해도 지역
전통춤 복원의 씨앗이 된 것입니다.

이 책은 차지언의 박사학위 논문을 토대로 재구성하여 펴냅니다.
앞으로도 지속적인 연구를 통해 화관무 전승역사의 체계를 정립하고
우리 춤의 근본과 원리를 탐구하는 연구자가 되기를 다짐하며 이번 글에 미처 담아내지 못한 부분은
후속 연구로 출간을 기약해봅니다.

차례

▮1장 화관무의 기원과 전개 · 23

▮2장 예인 민천식의 삶과 황해도 화관무 · 45

화관무의 기원과 전개

인간의 본능적 욕구의 표출인 춤은 인류의 군집 생활과 더불어 그 다양성이 확대되었다. 특히 문명의 발달은 인간의 움직임을 의식과 연계하여 의미를 부여하면서 춤의 양식이 진화하였고 그 구성은 더욱 복잡해졌다. 이처럼 다양하게 변화되고 의식의 체계를 부여한 움직임들은 미적 표현요소를 담아 예술적 양식의 춤으로 발전한 것이다. 인류는 이러한 춤의 표현에 있어 더욱 다양한 의미를 담아내고 종교적 의례와 사회적 소통의 통합 기능을 가진 행위로 진화시켜 놓았다.

우리의 춤 역시 부족국가시대 국가의 형성과 함께 의식무(儀式舞)로서의 기능이 더욱 강화되었고 부족의 풍요와 영생을 염원하는 의례적(儀禮的) 춤의 역할 또한 강조되어 종교적 제례의식인 제천의식에서 집단적 의식무로 발현되어 전승되었다. 부족국가시대 집단의 영역을 확장하고 국가의 권력 강화를 위한 종교적 집단의식에서 춤은 부족의 힘을 통합하는 기능으로 그 범위가 확장된 것이다.

부족국가시대의 집단적 무용은 그들의 신앙대상이었던 다신교적(多神敎的) 자연신(自然神)에 대한 숭배의 표현이었으며, 그들의 생활 특히 경제활동에 필요한 매우 중요한 의식이었다.[1] 춤의 특징은 생(生)의 축원적 염원의 의미를 담아 춤을 통해 신을 기쁘게 함으로써 복을 기원하는 축제의 의식이었다. 국가의 형성은 인간 집단의 체계적 노동을 가능하게 하였고, 농경생활이라는 경제활동은 삶을 윤택하게 하였다. 경제 발전으로 국가의 기틀을 다지며 부족민들은 함께 어울리는 집단적 축제에서 밤낮으로 술과 음식을 취하며 춤과 노래를 즐겼는데, 이를 가무(歌舞)의 시작으로 보는 것이다. 특히 당시 집단무의 형식은 주로 열을 이루거나 윤무(輪舞)의 형태였다.[2] 이는 지금까지 전해져 내려오는 원무(圓舞)[3] 형식을 가진 우리 민속춤의 원초로 여겨진다. 이러한 축제 의식에서의 춤은 시대를 거치면서 그 체계를 갖추고 다양한 형태로 변화되기도 하며 전승되었다.

특히 삼한시대 춤의 형식이 열(列)의 구도를 이루고 집단적으로 동작을 맞추어 추었다는 기록을 통해, 이미 상당히 발전된 집단무의 형식을 갖추고 있었음을 알 수 있다.[4] 마한의 습속과 유사한 원을 그리며 추는 춤은 우리의 전통춤인 강강술래의 기원으로 인식된다. 또 원으로 진을 짜는 원무는 원시 농경사회에서 경제적 풍요를 구하는 집단의

---

1 정병호(1985), 『한국춤』, 열화당, p.20.

2 송수남(1988), 『한국 무용사』, 도서출판 금광, pp.30~33.

3 원무는 여럿이 둥글게 원을 둘러서서 추거나 돌면서 추는 춤으로, 윤무(輪舞)라고도 한다.

4 황명자(2003), 『한국무용과 심리』, 도서출판 금광, p.18.

의식을 그 내용적 기반으로 본다. 농사의 풍요를 기원하는 의례에서 달을 그리듯 원을 만드는 군무형식은 달이 가진 '음의 생생력(生生力)'을 기반으로 하여 농경중심 문화에서 풍요와 영생을 기원하며, 완성과 충만을 지향하는 연희형태로 전승된 것이다.[5]

공동체집단의 생활의례인 세시풍속은 자연환경과 경제활동, 종교와 역사, 사회의 문화적 영향을 토대로 형성되고, 사회나 국가 단위로 지속되며, 1년을 주기로 계절의 변화에 따라 반복적으로 행하는 관습이다.[6] 달을 숭배하는 우리 민족의 세시풍속에서 달이 가진 상징구조는 물과 식물, 여성의 출산(出産)과 불사(不死)로 연결된다. 여기에서 여성은 만물을 낳는 대지의 지모신(地母神)으로, 출산의 힘을 상징한다. 그러므로 달은 생명력을 나타내며, 달을 맞이한다는 것은 한 해의 소망과 행복을 기원하는 의례로서 종교적 기능을 함께 하는 것이다.[7]

이러한 세시풍속에서 우리 민족은 풍요와 번영, 종족의 번성과 국가의 영원을 기원하기 위해 봄과 가을의 보름달 밤을 택해 산에 올라 달의 기운을 받으며 남녀가 서로 손을 맞잡고 원을 그리면서 춤을 추었다. 이때 신을 맞이하기 위한 장식의 하나로 머리를 꽃으로 화려하게 꾸민 것이라고 한다. 이는 하나의 구혼의식으로 해석되기도 한다. 이러한 부족의 번영과 지속을 위한 기원무의 시작을 화관무의 시초로

---

5 좌혜경(2000), 「강강수월래와 日本 奄美 小湊의 八月踊」, 제주대학교 사범대학 국어교육과 국어교육연구회, 白鹿語文, Vol 16. NO 2000, pp.113~133.

6 장정용, 『韓·中 歲時風俗 및 歌謠研究』, 集文堂, 1998, p.17.

7 김미연(2004), 「정월대보름 달맞이 춤 모형 研究」, 우석대학교 교육대학원 석사학위논문, pp.17~19.

보는 것이다.[8]

우리 민족의 세시풍속인 단오는 우리나라의 대표적 명절이다. 단오
는 한 해 중 양(陽)의 기운이 가장 왕성한 날인 음력 5월 5일에 모내기를
마치고 풍년을 기원하는 제사의식을 토대로 전승되었다. 단오에는 다
양한 풍속이 전해지고 있다. 그중 대표적인 것은 벽사(辟邪)와 치병(治
病)을 위해 창포물에 머리를 감는 것이다. 부녀자들은 창포 뿌리로 비녀
를 만들어 머리에 꽂기도 했으며, 호랑이 형태를 만들고 비단 조각을
꽃처럼 묶고 쑥잎을 붙여 나풀거리도록 만들어 머리에 꽂아 장식하기
도 했다.[9]

단오는 특히 그들 국가의 부족원을 결속시키고 국가의 태평과 민족
의 영원을 구하는 집단적인 민속행사로 성행했으며, 마을의 수호신에
함께 제사를 지내는 하나의 신앙적 축제로 전승되었다. 이처럼 단오
의 벽사와 무탈을 기원하는 기원제는 집단적 공동체의 의식으로 전승
되었고, 그 안에서 종교적 의식의 하나로 집단무가 추어졌던 것이다.
그 대표적인 예로 신라시대 경산(慶山)의 자인(慈仁) 단오굿에서 유래
된 여원무(女圓舞)가 있다. 그 안의 거대한 화관을 쓰고 집단적으로 그
려낸 원진 안에서 추어지는 화관무는 축제의 백미라 할 수 있다. 이처
럼 신라시대부터 행해져 온 단오의 세시풍속은 고려를 거쳐 조선시대
에 이르기까지 전해져왔다. 이러한 민족의 풍속 안에서 행해진 놀이
와 연희가 바로 우리의 민속예술로 전승되는 계기가 된 것이다.

---

8 양종승 구술채록(2019년 7월 25일).
9 한국민족문화대백과사전 참조.

이상에서와 같이 우리는 고대 우리 민족의 세시풍속으로부터 전해
내려오는 예술적 행위로부터 전통춤의 뿌리를 찾을 수 있다. 화관무
또한 마찬가지로 다양한 양식으로 전개된 전통춤의 한 갈래라고 보는
것 역시 설득력 있는 주장이 될 수 있다. 전통춤은 그 시대의 사회와
문화를 상징하여 발현되고 전승된 것으로서, 시대를 이해하고 사회를
해석하는 단초(端初)가 된다. 이는 다시 그 시대의 문화를 역사화하는
자료가 되는 것이다.

민속학자 양종승(梁鍾承)은 화관무(花冠舞)의 유래를 우리 전통춤의
기원과 동일시하여, 원의 형태로 진을 그리며 추어지던 원진무(圓陣
舞)[10]로 본다.[11] 그는 "승무, 살풀이보다도 더 오랜 전통을 가진 화관무의
역사적 가치에 모두 공감하고 이를 새롭게 인식해야 한다."[12]라고 역설
하고 있다. 이에 민천식(閔千植)의 화관무 또한 그 의미와 형식적 원리에
서 부족국가시대 우리의 집단 가무 생성 시기를 원초(元初)로 볼 수 있
다. 꽃으로 머리를 장식하고 신과의 소통을 기원하며 추어지던 세시풍
속에서의 기원적 집단무의 시작을 화관무의 시원으로 보는 것이다.

전통춤으로서의 화관무의 역사 정립과 가치체계에 대한 논리적 접
근은 우리 춤에 대한 올바른 역사 인식에서 비롯되어야 한다. 나아가
화관무의 시대적 흐름에 따른 변이양상의 연구와 춤사위의 구조, 표
현에 내재된 심성과 의식, 그리고 그 형이상학적 가치에 대한 이해 또

---

10 원진무(圓陣舞)에서 원진은 둥글게 진을 친다는 뜻이다. 이 책에서는 특별한 목적을
   가지고 원의 구도를 형성하며 추는 춤을 원진무로 표기한다.
11 양종승(2014), 『우리춤 담론』, 민속원, p.77.
12 양종승 구술채록(2019년 7월 25일).

한 반드시 연구하여야 할 과제인 것이다. 그러므로 황해도 무형문화
재 제4호로 지정된 화관무를 토대로 한 다각적 탐구는 전통춤으로서
화관무의 역사를 다시 쓰는 중요한 계기가 될 것으로 사료된다.

1. 황해도 무형문화재 제4호 화관무

우리 전통문화의 원류적 관점에서 꽃은 자연의 생성과 성장, 변화와
소멸이라는 상징성을 가지고 있다. 고대인들은 많은 대상을 신격화하
고 숭배하는 과정에서 신에게 바치는 제물로 그들이 귀하게 여기는
생명이나 수확한 곡물 등을 취하였다. 제사의식이 발전할수록 제물은
점차 더욱 아름답고 진귀한 것으로 바꾸어 나갔는데, 이때 상징적인
요소로 등장한 것이 바로 꽃인 것이다. 제의는 고대인들의 삶에 있어
가장 간절한 국면에 행해진 것으로, 인간이 신과 소통할 수 있는 유일한
길이었다. 이러한 제의 속에서 동양 문화권의 나라들은 오랜 세월 꽃에
특별한 의미를 담고 연계성을 유지한 채 하나의 문화로 전승하여 온
것이다.[13]

또한 우리 민족은 태양과 달을 민족 고유의 신앙으로 삼았다. 태양과
달은 음양의 조화를 상징한다. 이들을 숭배하는 의식은 종족의 번영과
국가의 영원을 기원하는 하나의 종교적 풍습으로 자리잡았다. 우리 민
족에게 있어서 달은 '음(陰)'의 기운을 대표하며 '여인'·'다산'·'풍요'를

---

13 윤정원(2016), 「제의적 상징성을 지닌 화조성신도(花鳥星辰圖)의 현대적 변용」, 이
  화여자대학교대학원 박사학위논문. pp.18~21.

상징했다. 특히 대보름달은 생산력을 근원으로 한 풍요의 상징이다. 달의 상징적 구조를 해석하면 달은 여신과 대지로 표상되며, 여기서 여신은 출산력을 상징하는 것이다.[14] 달에 대한 숭배의식은 다양한 양식의 세시풍속으로 행해졌고, 그 형식은 예술적 형태를 갖추어 전승되었다.

삼한시대에는 집단적 농경의식인 기우제 등의 제천의식에서 제례의식을 지낼 때 굿이나 풍물놀이와 더불어 강강술래 형식으로 원을 돌며 풍요와 번영을 염원하는 종교적 의식무로서의 원무가 추어졌다.[15] 특히 마한에서는 수십 명이 무리를 이루어 천군(天君)의 지휘에 따라 구르고 뛰는 군무의 형태가 성행하였다. 그중 강강술래의 윤무의 형태가 바로 이러한 집단적 예술 형태의 시작이라고 볼 수 있다.[16] 원의 형태로 진을 짜며 추는 춤에서 원(圓)이 의미하는 것은 한 점에서 출발하여 곡선을 그리며 다시 원점으로 돌아오는 완전한 형태를 말한다. 이는 인간 삶의 무한 순환과 무한 반복의 끝없는 연결성을 상징한다.[17] 고대로부터 하늘을 숭상해 온 우리 민족은 하늘에 제를 올리며 부족의 화평과 무탈을 기원했다. 이러한 의식은 구성원들을 결속하는 원동력이 되었는데, 그

14 당홍(2014), 「한·중 세시풍속 비교 연구: "4대 명절"을 중심으로」, 영남대학교대학원 석사학위논문, pp.31~34.

15 김효분(2008), 『한국 제의식에 나타난 가무적 요소』, 한국학술정보(주), p.102; 차지언(2017), 「황해도 화관무를 활용한 초등무용교육 프로그램 개발」, 춘천교육대학교 교육대학원 석사학위논문, p.10 재인용.

16 김말애(1996), 『한·중·일 궁중무용 변천사』, 경희대학교출판국, p.17.

17 김인자(2017), 「한국 전통 춤사위를 조형화한 칠보 장신구 연구」, 숙명여자대학교대학원 석사학위논문, p.4.

러한 기원의 영원성을 상징하는 하나의 형태로 원을 그리며 달을 맞이하는 집단무의 형태를 갖추게 된 것이다. 이러한 달맞이춤은 잉태가 가능한 여성들에 의해 추어졌는데, 그 형식은 원으로 진을 치며 춤을 추었던 원무의 형태였다. 그 상징적 의미부여는 전통춤으로서 화관무의 기원으로 볼 수 있다는 것이다.[18]

화관무는 꽃으로 만든 관을 머리에 쓰고 추는 춤이다. 머리를 꽃으로 장식하는 풍습은 인간의 아름다움을 추구하고자 하는 욕구에서 발현된 하나의 자연발생적 현상이다.[19] 고대에 머리를 꽃으로 장식하는 것은 여성의 아름다움을 상징하는 가장 효과적인 수단이었다. 여기에서 꽃이 주는 상징적 의미는 '영적인 세계와의 소통'을 의미하며 이는 정화된 고통 없는 세계에 대한 동경을 뜻한다.[20] 특히 예로부터 머리 장식은 개인의 사회적 위치와 경제적 능력을 과시하고 미적 감각을 표현하기 위한 하나의 수단으로 발달했기에 주위에서 쉽게 취할 수 있는 자연 소재인 꽃과 나뭇가지 등은 고대사회에서 머리 장식을 위한 가장 좋은 소재였다.

동서양을 막론하고 인간에게 있어 머리는 가장 귀중한 것으로 여겨졌다. 고대 중국에서는 인간 머리의 둥근 형태가 하늘과 흡사하다 여기며 신(神)이 머무는 곳이라 생각하여 신성시했다. 특히 인간의 신체 중에서 얼굴을 포함한 머리는 시선이 가장 집중되는 부분으로, 상대

---

18 양종승 구술채록(2019년 7월 25일).

19 홍나영(2000), 「화관에 관한 연구」, *jurnal of the korea sosiety of costume*, 50(3), 2000, pp.31~42.

20 양종승 구술채록(2019년 7월 25일).

1장_화관무의 기원과 전개 **31**

편에게 개인의 이미지를 가장 효과적으로 전달시킬 수 있는 부위이기
에 일찍이 자기과시용 장식으로서 화관이 활용되었던 것이다.[21] 전통
적 제례의식에 사용되기 시작한 화관은 달을 맞이하는 종족번영의 풍
습에서 여성들의 신맞이 의식에 가장 의미 있는 장신구이기도 했다.
이렇듯 '머리를 꽃으로 장식한 무리의 여인들이 국가의 영원과 번영을
기원하면서 원을 그리며 추는 춤 화관무'는 의식의 근본을 상고시대
제천의식에서 발생한 무속무로 볼 수 있으며, 달을 맞이하는 신앙의
식의 한 형태인 달맞이 춤과 달을 형상화하며 원을 그리며 추는 춤인
원진무(원무)는 화관무의 형식적 근원이라고 볼 수 있는 것이다.[22]

　우리 조상들은 한반도라는 한정적 공간 내에서 문화공동체적 삶을
영위하며 우리 민족만의 고유양식으로 문화와 예술을 탄생시켰다. 이
로부터 파생된 우리 전통춤은 단일민족의 정체성 그리고 사회적 이념
과 시대상 등을 자연스럽게 반영한 종합예술로 발전되어 왔다.[23] 특히
예로부터 공동체 의식을 강조해 온 우리 민족은 수많은 국난을 단일민
족이라는 자긍심을 구심점으로 삼아 함께 이겨냈고, 이러한 공동체 의
식은 국난 극복의 역사를 만들어냈다. 국난 극복의 역사 속에서 우리
민족은 국가의 영속성과 경제적 윤택함, 삶의 무탈을 희망하며 하나가
되었다. 이러한 민족적 염원은 종교적 의식행위로 발현되어, 함께 제례

21　김지연(2008), 「朝鮮時代 女性 禮冠에 관한 硏究」, 이화여자대학교대학원 박사학위
　　논문, p.1.
22　양종승(2014), 『우리춤 담론』, 민속원, p.77; 차지언(2017), 「황해도 화관무를 활용
　　한 초등무용교육 프로그램 개발」, 춘천교육대학교 교육대학원 석사학위논문, p.10.
　　재인용.
23　차지언(2017), 위의 논문, pp.2~3.

의식을 공유하며 그 속에서 하나가 되었다. 이 때 추어지던 기원의식 형식의 춤들이 지금까지 전승되어 수많은 전통춤으로서 자리매김을 하고 있는 것이다.

특히 춤의 양식은 다르지만 신라시대로부터 연행되어온 경산의 자인 단오제(국가 무형문화재 제44호)의 여원무 중 행해지는 화관무를 살펴보면 그 의미와 춤의 양식적 특징에서 민천식의 화관무와의 유사점을 찾을 수 있다. 기록에 따르면 경산 자인 단오제의 여원무에서 행해지는 화관무는 신라시대(9세기경)에 한장군(韓將軍)이란 인물이 경산 자인의 도천산(到天山)에 기거하면서 주민들을 괴롭히던 왜구들을 토벌하기 위해 추었던 춤이라고 한다. 한장군은 그의 누이와 함께 왜구를 유인하기 위해 여장을 하고 화려한 꽃관을 머리에 쓴 채 버들 못가에서 춤을 추었다. 그 주위를 배우로 가장한 마을 주민들이 원을 그리며 둘러싸고 놀이판을 벌이면, 이를 구경하느라 넋을 잃은 왜구들을 한장군과 주민들이 칼로 쳐서 섬멸했다는 전설적인 이야기를 담고 있다.

이때 행해지는 화관무와 배우들이 하는 잡희(雜戱)가 바로 현존하고 있는 여원무와 자인 팔광대의 전신인 것이다. 여원무 춤 중의 하나인 화관무는 왜구를 유인하기 위해 한장군이 야생화로 3m 남짓한 높이의 거대한 화관을 만들어 머리에 쓰고 온몸을 오색치마로 가려 거대한 꽃 귀신을 연상케하며 추던 춤을 형상화한 것이다. 이때 화관의 꽃장식에 쓰였던 꽃은 귀신을 쫓는 힘과 풍년, 제액, 치병 등에 효험이 있다고 하여 단오놀이가 끝난 후에 마을 주민들이 다투어 그 꽃을 얻어갔다.[24]

---

24 홍순이(2009), 「경산자인단오제 굿춤 연구: 권명화의 굿춤을 중심으로」, 용인대학

이렇듯 꽃이 주는 의미로 인해 애국과 기원적 의미를 담은 화관무는 시대를 거치면서 공동체적 놀이와 춤의 형식으로 전해져 온 것이다.

특히 화관무에서 원으로 진을 짜는 공간구성은 어떠한 대상을 둥글게 둘러싸며 그 대상을 소유하고 대상과 하나가 되는 의미로 볼 수 있다. 또한 동양사상에서는 원을 시공간의 흐름과 생과 사의 순환으로 보며 모든 기의 흐름의 형태로 인지하므로, 전통적으로 원이 의미하는 것은 존재의 영원과 역사의 연속성이라고 할 수 있다. 이에 초기 원시문화의 공간적 개념이 주로 원형을 이루는 이유와 그들이 행한 춤에서도 역시 원의 형태를 활용한 것을 보면 원 구도가 가장 원초적인 공간구성 형식이라는 것을 미루어 짐작할 수 있다. 원은 인간과 자연의 유기적 관계와 더불어 인간 정신의 완전함을 표현하는 것으로 인간 정신의 상징이라 할 수 있다. 이처럼 함께 움직이면서 서로의 행동을 주시하고 움직임의 확인이 용이한 원형무의 형태가 공동체적 일체감을 형성하기에 좋은 양식(樣式)으로 인식되어 주로 활용되어 왔던 것이다.[25]

이러한 공동체적 민족 감성이 내재된 원진무의 형식으로 전해지는 연희인 경산 자인단오제(국가 무형문화재 제44호) 여원무(女圓舞)에서의 화관무와 일제강점기 황해도 해주지역 권번 예기(藝妓)들에 의해 전승된 화관무(황해도 무형문화재 제4호)는 춤의 상징적 의미와 그 형식에서 우리 춤의 시원(始原)과 일치한다. 고을의 안녕과 민족의 평안, 국가의 영속과 태평성대를 기원하는 그 의미의 상징을 원을 그리며 진을 짜는

교대학원 석사학위논문, pp.7~9.

25 백금자(2011), 「여원무 연희 연구」, 계명대학교 교육대학원 석사학위논문, p.15.

공간구성의 형태로 제시한 것이다. 특히 황해도 해주지역 기녀들에 의
해 집단 군무로 전해진 민천식의 화관무는 그 상징성에 있어 우리 전통
춤의 기원과 같은 의미를 지닌다. 나라의 태평성대와 백성의 안녕, 삶
의 무탈과 영생을 기원하는 종교의식 속에서 추어지던 집단 원무가
민족공동체 의식을 토대로 세시 풍습의 생활양식과 국난 극복의 역사
와 함께 오랜 세월 민중 속에서 전승되어 형식적 완성을 이룬 것이다.
화관무는 자연발생적으로 생성된 우리의 전통춤이자 민족 고유의 정신
과 사상, 시대상이 투영된 문화의 산물로서 가치 있는 민족문화유산인
것이다.

2. 민천식 화관무의 전승 양상

꽃의 상징적 의미를 담은 특정 지역 세시풍속의 의식무이자 꽃을
머리에 장식하여 추는 춤으로 전승된 화관무가 지금의 구성형식을 갖
출 수 있게 된 연원은 고려시대 궁중의 교방(敎坊)과 지방 관기와의 교
류를 그 시작으로 볼 수 있다. 또한 화관무가 활발하게 연행되어진 것
은 궁중기와 지방 기녀의 교류가 잦았던 조선 말기에 궁중의 춤과 지
방관아에서 관리하던 민중의 춤이 교류하던 시기로 볼 수 있다.

조선 후기에는 지방관아의 관리하에 연행되던 지방 정재(呈才)들이
궁중으로 유입되어 궁중의 연행을 위한 양식으로 변형되어 활용되기
도 하였다. 또한 궁중정재(宮中呈才)를 교육받고 궁중 진연에 참여했던
지방의 선상기(選上妓)들에 의해 지방 관아의 소속 관기들은 궁의 가무

들을 학습하는 기회를 갖게 된다. 당시 기녀들의 교류 역사는 각 지역 기방(妓房)의 춤이 궁중의 형식을 갖추어 전승하는 데 있어 상당한 역할을 하게 된 것이다.[26]

이러한 궁중과 지방 관기와의 교류를 입증해 주는 사료로는 당시 지방 교방에서 연행된 무고를 기록한「평양감사환영도(平壤監司歡迎圖)」의「부벽루연희도(浮碧樓宴會圖)」와 교방가요의「고무(鼓舞)」등이 있다.

이 기록들을 살펴보면 궁궐에서만 연행할 수 있는 것으로 인식되었던 궁중정재의 춤들이 지방의 기녀들에 의해 소속 관아의 잔치에서도 행해졌다는 것을 알 수 있다. 또한 궁중 여기의 복식과 지방 관기의 복식은 차이를 두고 있으나 반주를 이루는 악기의 편성은 모두 삼현육각의 편성으로 일치한다. 이우준(李遇駿, 1801~1867)의『몽유연행록(夢遊燕行錄)』(1848)에는 헌종 14년(1848)의 연행노정(燕行路程) 중 각 지방 관아 소속의 교방에서 행해졌던 정재들과 사행(使行) 때에 지방의 관리들이 사신들에게 베풀어주었던 연희 상황에 대한 상세한 기록을 찾아볼 수 있다. 그의 평양 연광정(練光亭) 연희에 대한 기록에는 사·오십 명의 기녀들에 의해 쟁무·고무·향발·아박 등 다양한 정재들이 공연되었음이 기록되어 있다.[27]

특히 고려시대부터 그 규모가 상당했던 개성과 해주, 황주 등 황해도 관기의 활동이 조선시대까지 이어져 궁중과의 교류가 활발했음을

---

26 성기숙(1999),『한국 전통춤 연구』, 현대미학사, pp.79~85; 차지언(2017), 앞의 논문, p.10. 재인용.

27 차명희(2009),「통영북춤의 역학적 원리 연구」, 성균관대학교대학원 박사학위논문, p.27.

당시 선상기(選上妓)의 기록을 통해 유추해 볼 수 있다.

영조(英祖) 갑자년(1744) 『진연의궤(進宴儀軌)』에 적힌 팔도관기 중 서울로 선발하여 보낸 선상기에 관한 기록을 보면, 각 읍에서 선발된 기생은 52명으로 다음과 같다.

> "영조 20년(1744) 진연(進宴)에 선발되어 참여한 선상기는 충주기생 1명, 공주기생 2명, 원주기생 2명, 안동기생 4명, 해주기생 4명, 전주기생 1명, 황주기생 2명, 안악기생 1명, 평양기생 4명, 함종기생 1명, 청주기생 1명, 성산기생 2명, 상주기생 1명, 나주기생 1명, 경주기생 3명, 성천기생 10명, 안주기생 10명, 광주기생 2명"[28]

위의 기록에서 보여주듯 당시 비교적 규모가 크고 조직적으로 안정되어있던 해주 관기들은 궁중과의 교류가 잦고 체계적인 교육이 가능했기에, 해주 관아소속 관기들에게 전파된 궁중형식의 춤들은 고을의 축제나 관아의 연희에서 공연될 수 있었다. 관기들의 이러한 지속적인 궁중과의 교류과정은 궁중정재의 춤사위와 형식들의 전파뿐만 아니라, 궁중의 복식과 음악 또한 지역의 민속예술에 영향을 주는 계기가 되었다. 황해도 해주지역을 거점으로 전승된 화관무는 당시 궁중 유입이 잦았던 황해도 해주 관기들에 의해 그들이 향유하던 춤에 궁중의 형식을 더해 자유양식으로 구성되었고, 해주와 개성 등지의 마을 축제나 관아의 행사에서 소속 관기들에 의해 연희되었다.

---

28 송방송(2007), 『증보한국음악통사』, 민속원, p.328.

이렇듯 궁중기와 지방 관기와의 잦은 교류는 궁중정재의 유사 형식을 갖추어 지역에서 예기들의 연행을 가능하게 하였으며, 이러한 관기들의 활동은 지금의 교방 문화예술을 꽃피우게 한 계기가 된 것이다.

조선왕조의 몰락과 한일병탄(1910)으로 한국 전통춤의 역사는 일대 전환기를 맞이한다.[29] 일제의 강압적 통치하에서 조선의 궁중정재는 궁 밖으로 내몰려지는 수난의 역사를 겪게 된다. 결국 궁중의 여악제도는 붕괴되어 궁중소속의 기녀와 무동이 일제히 해산하게 되는 혼란의 시기를 맞이한다. 또한 일본은 조선의 문화 말살 정책을 펼쳤다. 궁중 문화 말살을 목적으로 장악원(掌樂院)을 해체하고 이왕직아악대(李王職雅樂隊)로 격하시켰으며, 이를 다시 이왕직아악부(李王職雅樂部)로 바꾸었다. 이왕직아악부는 1919년에 아악생을 모집하기 시작했다. 선발된 아악생들에게는 장악원에서 궁중무와 궁중악을 전습한 대가들이 궁중정재를 지도하였다.[30] 이러한 시대적 상황은 궁중정재 상연의 중단으로 이어졌고 이에 궁을 떠나야했던 악공과 궁중 기녀들은 민가에서 궁중의 악과 무를 지켜내고자 하는 의지로 새로운 민간공연여건 창출을 시도하였다.

일제의 통치와 함께 해체된 궁중 관기들과 교방을 나온 관기들은 일제의 식민통치하에 기생협동조합을 결성하였고, 일본식 명칭인 권번(券番)을 조직해서 자리잡으며 예술 활동을 지속하였다. 이러한 시대적 상황은 궁중예술이 자연스럽게 민중 속으로 전파되는 계기가 되었다.[31]

---

29 김매자·김영희(1995), 한국무용사, 삼신각, p.225.
30 성기숙(1999), 『한국 전통춤 연구』, 현대미학사, pp.85~86.

지역 교방으로 유입된 궁중의 궁중기들과 해산된 지역소속 관기들은
그들의 당면한 문제인 생계유지를 목적으로 권번이라는 예술집단을
형성하며 자리를 잡아갔다. 이러한 시대적 배경으로 궁중 관기들의 지
역 관아 유입은 지역 관기들 조직의 확대를 가져왔고 이들이 생계유지
로 선택한 예술 활동은 다양한 교방 예술을 탄생시켜 한국 전통춤의
역사에 남기는 역할을 한 것이다. 이러한 역사적 교류 양상은 지역의
민속춤들이 궁중의 형식을 자연스럽게 흡수할 수 있는 계기가 되었으
며 형식의 교류는 지역 민속춤을 체계화하는 발전을 가져왔다.

당시 민속악과 전통춤에 심취했던 민천식은 궁중의 악(樂)과 무(舞)
에 관심을 두고 활동하던 중 체계적인 학습을 받기 위해 이왕직아악부
에 지원하여 입학한 후 2년간의 정기교육을 받고 무용부를 수료하게
된다. 이왕직아악부를 수료한 후, 그는 형식에 구애받지 않고 자신만
의 춤과 소리의 세계를 구축하고, 이를 전승하기 위해 귀향하여 해주
와 개성의 권번을 오가며 권번의 기녀들을 가르치는 권번의 장으로서
활동을 시작한다. 민천식이 황해도 해주 권번 예기들의 교육을 담당
하는 역할을 부여받고 해주에 도착했을 때 해주 권번 기녀들이 궁중형
식의 춤들을 상연하고 있었는데, 그중 하나가 바로 화관무였다.

기녀들은 당시 머리 장식으로 화관을 쓰고 궁중형식의 무복을 갖춰
입고 그들만의 양식으로 춤을 추고 있었다. 이를 본 민천식은 기녀들
의 뜻을 존중하여 화관무의 체계적 정립을 도모했던 것이다.[32] 이왕직

31 성기숙(1999), 앞의 책, p.97.
32 김정순 구술채록(2019년 8월 3일).

아악부에서 체계적으로 우리 전통 음악과 춤에 대한 교육을 받은 민천
식은 한층 정형화된 틀로 기녀들을 학습시키며 궁중정재의 춤사위를
기본으로 포구락, 무고, 검무, 학무, 연화대무 등의 궁중무를 전수하
였고 그들의 화관무를 체계화시켰다. 해주권번 기녀들에 의해 오랜
세월 연행된 민천식의 화관무는 이렇게 궁중형식과 예기들의 춤사위
에 그만의 춤 세계를 더해 완성된 것이다. 김정순과 김나연은 민천식
의 황해도 권번 시절 화관무의 연행과정을 다음과 같이 회고한다.

> "선생님이 해주권번에 갔더니 이미 거기 기생들이 화관무를 추고 있더
> 래요. 그때 (민천식선생님이) 만든 게 아니라 해주에 있을 때 먼저 있던
> 원장이 화관무를 하다가 놔뒀었는데 그거를 기생들이 화관무를 다시 재
> 연하자고 했대요. 그래서 재연을 했는데 거기에 빠진 춤사위, 가지치기
> (가새치기) 등 몇 가지 빠진 거를 추가해서 나라에 일이 생겼을 때 가서
> 공연을 하니까 왕비의 눈에 들었던 거지. 그래서 왕비가 자기 노리개를
> 다 떼어 주었다고 해요."[33]

> "그래서 선생님이 배운 궁중 춤의 형식들을 더 가르치면서 완성해 놓
> 으신 거예요. 그 후로 화관무가 많이 불려 다녔데요. 마을 축제에도,
> 권번에서도 제일 인기 있었다고 하구요."[34]

일제강점기에는 관기, 예기들이 민간에 모여 활동하면서 궁중 양식
의 악과 무가 공연되었다. 이에 정재의 반주악과 반주형태는 당악과

---

33 김정순 구술채록(2019년 8월 3일).
34 김나연 구술채록(2019년 6월 22일).

향악의 구별 없이 민속악과 궁중악의 융합으로 그 형식이 단순화되며 변화되었다. 또한 극장형식의 공연환경이 조성되었고, 기생들의 생존 수단이 된 공연활동에서는 다양한 레퍼토리를 제공해야 했기에 정재는 그 형식이 단순화되었다. 여기에 민속춤과 궁중의 춤이 융합되며 춤이 개량되고 창작되기 시작하였다.[35] 민천식의 화관무 또한 고을 축제에서 추어졌던 마당형식의 민속춤에 궁중정재의 구조화된 형식을 더해 해서(海西) 지방의 지역 특성을 담은 민속춤의 형태로 안무하여 완성된 것이다. 민천식은 화관무의 반주를 삼현육각의 악기편성으로 해서지방(海西地方) 민속악을 연주하도록 했는데, 이는 봉산탈춤의 반주와도 일치하는 연주곡인 서도 풍류의 곡이다. 궁중정재의 무게 있는 호흡을 바탕으로 정갈하고 기품있는 춤사위와 황해도 지역에서 성행하던 탈춤의 호방한 한삼 뿌림, 기방춤의 유연한 몸놀림을 결합하여 완성된 민천식 화관무는 화관을 쓴 화려한 복색과 한삼을 활용한 춤사위의 어울림으로 지역을 대표하는 민속춤으로 정립하게 되었다.

앞에서도 언급했듯이 민천식 화관무의 의식적 기원은 우리 전통춤의 기원과 상통하여, 상고시대에 공동체의 안위를 염원하던 기원무(祈願舞) 형식의 집단춤이라 할 수 있다. 따라서 그 시작은 종교적 의식무(儀式舞)였지만, 춤의 구성과 형식을 갖추고 연행되기 시작한 것은 조선시대로 볼 수 있다. 민천식의 화관무는 궁중의 춤과 지방관청에서 관리하던 관아소속 교방의 춤이 활발히 교류하던 조선시대 말기 해주

---

35 윤영숙(2015), 「공연예술로서 가·무·악의 통합과 분리 연구」, 단국대학교대학원 박사학위논문, p.74.

관기들에 의해 춤의 형식적 틀을 갖추기 시작했다. 민천식은 이를 토대로 궁중과 민속의 양식을 안배하여 안무 하였고, 점차 발전하여 현재의 무대형식을 갖추게 되었다. 따라서 민천식의 화관무는 오랜 세월 전승된 배경을 가진 것이며, 춤의 구성 또한 전통춤의 시대적 흐름을 시사하는 역사적 의미를 담고 있는 것이다.[36]

오늘날 무대화된 공연예술의 형태로 자리 잡은 화관무는 그 전승 계보에 따라 민천식 화관무와 신무용으로 알려진 김백봉 화관무로 대표될 수 있다. 김백봉 화관무는 무대예술로 창작된 대표적인 신무용이며, 궁중의 형식을 염두에 둔 것이 아니라 김백봉의 안무로 완성된 개인의 창작 작품이다.[37] 반면에 민천식의 화관무는 황해도 해주지역 교방의 춤이 조선 말기 궁중의 춤과 교류하며 형식을 갖추어 전승된 춤으로, 일제강점기 해주 권번의 관기들을 교육하던 민천식의 안무로 그 형식이 완성된 전통춤이다.

민천식에 의해 완성된 화관무는 궁중정재의 형식과 민속춤의 형식을 고루 갖추고 있으며 규칙성과 자율성을 함께 포함하고 있다. 또한 춤의 민속적 특징인 자유로움보다 궁중정재의 특징인 규칙과 형식이 전제되어 예와 규범을 강조한다. 춤의 형식에는 춤의 시작과 끝을 큰 절로써 예(禮)를 갖추어 알리는 향악정재 형식이 담겨있고, 음악은 해서지방 민속악이 삼현육각의 악기편성으로 연주되어 그 구성이 궁중의 형식과 일치한다. 이렇듯 민천식 화관무의 춤사위에는 궁중정재로부터 해서지

---

36 차지언(2017), 앞의 논문, pp.8~10.
37 정진한(2007), 『김백봉 화관무』, 한국학술정보(주), p.21.

방 민속놀이인 탈춤의 춤사위까지 공존하고 있다. 이에 담긴 나라의 태평성대, 고을의 안녕, 백성의 평안 등을 기원하는 의식(意識)은 민중과 함께 국가의 안위를 구하는 공동체 사상의 발현인 것이다.

시대적 상황과 맞물려 뿌리내린 민천식 화관무는 원진무에 기원한 민속춤에 궁중정재의 형식을 갖추어 체계화되었고, 그들만의 춤사위는 오랜 세월에 걸쳐 시대의 변화에 순응하며 완성되었다. 의식 있는 신지식인으로 평가되었던 민천식은 일제강점기 나라를 잃은 민족의 억제된 감성과 상실의 고통을 위로하기 위해 나라의 태평성대와 민족의 영원을 염원하는 의식이 담긴 화관무를 안무하였으며 암울한 현실 속에서 희망을 전하려 수많은 연희를 지속하였다. 당시 나라 잃은 설움을 감내해야 했던 참담한 민족의 상황은 이들이 연희하는 화려한 춤사위로 위로를 받았고, 국가의 재건을 소망하는 민족의식의 고취를 위해 민천식은 그만의 방식인 전통춤으로 애국의식을 표명하며 민중 속에서 오랜 세월을 함께했다.

3. 민천식 화관무의 완성

민천식은 한국전쟁 이후 월남하여 인천에 자리를 잡는다. 당시에 전쟁을 피해 남하한 피난민들의 상당수가 인천에 정착하기 시작했는데, 특히 민천식과 동향인 황해도민들의 수는 압도적이었다. 이에 민천식은 궁중의 춤과 해주·개성 권번 기반으로 활동했던 우리의 전통춤, 해서(海西) 탈춤을 비롯한 황해도 지역 민속예술의 전승을 목적으로 인천시 동구 송현동(松峴洞)에 연구소를 마련한다. 이는 후에 인천국악원을 설립하는 계기가 된다. 민천식의 연구소에는 고향을 잃고 피난 온 예인들이 항상 함께했다. 그의 명성을 들은 실향민들이 주위에 모이면서 황해도 예술이 복원되고 전승되는 계기 또한 마련되었다.[38] 이는 자연스럽게 해서지방 민속예술이 남한사회에 뿌리내리는 기반이 된 것이다.

민천식은 연구소를 확장하여 인천국악원을 설립하고 전통춤, 소리, 악기를 통합하여 교육하기 시작했다. 그의 이름은 점차 인천지역의 예술인들에게 알려지기 시작했고, 그의 명성을 들은 이들이 인천국악원으로 모여들었다. 특히 한국무용을 배우기 위한 학생들이 상당히 많았기에, 그는 인천지역에서 전통춤을 기반으로 한 활발한 활동을 할 수 있었다. 인천국악원은 유아반부터 학생, 성인반까지 세분화하여 수업을 진행하였는데도 40평 남짓한 무용실에 빽빽하게 서서 연습을 해야 할 정도로 수강생이 많았다고 한다.[39]

인천국악원은 안정적인 경영을 통해 차츰 자리를 잡아갔다. 민천식은 그의 춤과 서도소리, 해서탈춤 복원 등 북한문화의 발굴과 정착에도 관심을 갖기 시작한다. 그는 고향인 사리원과 황해도 지역에서 함께 활동하던 동료들을 소집하고, 해서지역의 전통춤 및 연희의 복원과 전승에 앞장서며 본인만의 색을 지닌 민천식류 춤을 전수하기 위해 후학 양성에 노력을 기울였다. 이러한 과정에서 전승된 민천식의 춤 중 하나가 바로 민천식의 화관무이다. 이왕직아악부 동료로 서울국악원을 운

38 유동현·윤현위 외(2018), 『인천의 마음고향 송현동』, 수도국산 달동네 박물관, p.220.
39 김정순 구술채록(2019년 8월 3일).

영하던 김천흥(金千興, 1909~2007)[40]과 궁중무의 정립을 위해 교류했고, 동향인으로 인천에서 함께 활동하던 양소운(梁蘇云, 1924~2008)[41]과는 해주지역의 전통춤과 봉산탈춤 복원을 위한 활동을 하게 된다. 그는 전통춤을 통한 황해도지역의 예술과 문화에 대한 지속적인 연구로, 전쟁 이후 어수선한 사회상황에서도 우리 전통문화예술의 뿌리를 찾고 북한의 문화예술이 남한 사회에 정착할 수 있는 계기를 만든 것이다.

현재 유일하게 민천식 전통춤의 계보를 이어가고 있는 김나연(金娜璉, 1939~)[42]은 인천여자중학교 재학시절 그를 찾아가 제자로 입문했다. 인천국악원 무용부는 입문과 동시에 민천식의 기본 춤을 익히게 하였고, 기본기가 만들어지면 학생들에게는 바로 화관무를 학습시켰다. 화관무는 그에게 또 하나의 기본 춤 같은 존재로, 당시 공연의 대표작이었던 것이다.[43]

민천식이 작고한 후 그의 문하에서 활동하던 제자들은 각자 개인의 연구소를 운영하며 활동을 시작했다. 이들 중 김실자(金實子, 1928~2015)[44]와 김정순(金貞順, 1932~)[45], 김지옥 등이 김나연과 더불어 민천식의 춤을 계승하는 구심점(求心點) 역할을 하였다.

---

40 김천흥은 국가무형문화재 제39호 처용무의 예능보유자이다. 이왕직아악부의 아악 수장이었으며, 국립국악원 원로사범, 대한민국예술원 회원 등을 지냈다.
41 양소운은 중요무형문화재 제17호 봉산탈춤 예능보유자, 중요무형문화재 제34호 강령탈춤 예능보유자이다.
42 김나연은 황해도 무형문화재 제4호 화관무 예능보유자이다.
43 김나연 구술채록(2019년 6월 22일).
44 김실자는 국가무형문화재 제34호 강령탈춤 예능보유자이다.
45 김정순은 국가무형문화재 제34호 강령탈춤 예능보유자이다.

예인 민천식의 삶과 황해도 화관무

민천식(閔千植, 1898~1967)[1]은 황해도 사리원(沙里院)에서 태어났다. 그는 일제강점기에 평양 숭실중학교(崇實中學校)를 졸업하고 이왕직아악부(李王職雅樂部)[2] 아악부원 양성소 무용부 2년을 수료한 신지식인이다. 그는 일제강점기에 황해도 지역을 중심으로 우리의 전통춤과 소리를 전승하던 예인으로, 해주와 개성지역 예기(藝妓)들의 예술교육을 담당한 권번의 사범으로 활약하며 춤과 소리로 당대 최고의 인기를 누렸다.

---

1 민천식은 국가무형문화재 제17호 봉산탈춤 예능보유자, 황해도무형문화재 제4호 화관무 안무자이다.

2 이왕직아악부는 일제강점기에 조선왕조 왕립 음악 기관의 후신으로 만들어진 기관이다. 송방송(2012), 『한겨레음악대사전』, 보고사.
　국립국악원의 전신으로 장악원 → 교방사 → 장악과 → 이왕직아악대 → 이왕직아악부(1915), 1946년 황궁 아악부로 바뀔 때까지 이 명칭을 사용하였다.
　[문화콘텐츠닷컴] 참조.

한국전쟁 이후 월남한 민천식은 인천광역시 동구 송현동(松峴洞)에 정착하여 민천식 고전무용연구소, 인천국악원을 경영하며 제자양성과 전통 문화예술 발굴에 앞장섰다. 민천식의 고전무용연구소와 인천국악원에는 인근 지역의 학생들과 무용에 뜻을 둔 여성들은 물론 당시 피난을 나와 인천지역에 둥지를 튼 개성 권번의 기녀들과 무속인들이 모두 찾아와 문전성시를 이루었다.[3] 민천식의 인천국악원은 황해도에서 피난 온 예술인들은 물론 인천지역 예술인들의 활동 기반이 되었다. 이를 토대로 후학양성과 전통예술 복원 및 발굴에 앞장선 민천식은 그의 새로운 터전이 된 인천지역에서 전통춤 교육과 공연으로 입지를 굳히며 당시의 인천을 대표하는 유능한 무용가로 인정받기에 이른다.

특히 해서탈춤 복원에 몰두한 민천식은 봉산탈춤의 김진옥, 해주탈춤의 이근성, 양소운 등과 함께 봉산탈춤의 복원에 앞장섰으며 봉산탈춤의 대사는 물론 소리, 음악과 연희에 이르기까지 연희체계를 구축하는 역할을 주도하였다. 그는 김진옥과 함께 이두현의 봉산탈춤 대사의 채록본 전반에 구술 채록자로 참여하였고, 봉산탈춤 복원에 크게 기여했다. 그 결과 1958년의 전국민속예술경연대회에서 봉산탈춤 연희자로 출연하여 현재의 대통령상인 내각수반상을 수상하게 된다. 이러한 업적을 인정받은 민천식은 1967년 6월 16일 국가무형문화재 제17호 봉산탈춤 놀량창 및 사자마부 종목의 예능보유자로 인정되며 남한 사회에 해서탈춤을 비롯한 전통춤과 소리 등 황해도지역 전통예술을 정착시킨 대표적 민속예술가로 이름을 남겼다.

---

3 김정순, 김진환 구술채록.

그러나 민천식은 애착을 갖고 복원에 전념한 봉산탈춤이 국가무형문화재로 지정되고 본인이 예능보유자로 지정된 기쁨도 누리지도 못하고 예능보유자 인정서가 집으로 도착하던 날 안타깝게도 자택에서 심장마비로 타계하였다.[4] 그의 갑작스러운 죽음은 그와 동고동락(同苦同樂)하던 동료들과 그의 예능을 물려받은 제자들에겐 혼돈이었으며, 암울한 시기가 되었다. 그들은 자신의 생계유지와 예능인으로서의 성공을 위해 독자적인 길을 걸어야 했기에 스승의 명맥을 유지하기에 어려움이 있었고, 스승의 역사를 기록하는 데에도 한계가 있었다. 이러한 연유로 한국전쟁 이후 1950~60년대 사회적 혼란의 시기에 인천을 중심으로 대한민국의 전통예술 복원과 전승에 몰두했던 민천식의 업적은 당시의 민속예술사에 기록으로만 남은 채 점차 잊혀진 예인이 되었다.

그러나 스승을 존경하고 그의 그늘을 그리워하던 제자들이 각자의 위치에서 안정적인 기반을 갖추게 되면서 그의 예술은 다시 조명되고 꽃을 피우기 시작하였다. 봉산탈춤(국가무형문화재 제17호)은 한국전쟁 이후 민속예술에 대한 국가적 관심과 민천식의 복원 의지로 국가무형문화재로 지정되어 안정된 전승체계를 구축하게 된다. 한편 민천식에 의해 전승되고 완성된 해서지역[5]의 전통춤 또한 그를 존경하고 그리워하는 제자들에 의해 원형이 유지되고 전승되었다. 그의 전통춤을 계승하여 활동한 대표적인 제자로는 김실자(국가무형문화재 제34호 강령탈춤

---

4 김호석(2013), 「해서탈춤의 연행가요 반주음악 연구」, 단국대학교대학원 박사학위
   논문, p.21.
5 황해도의 별칭이다.

예능보유자), 김정순(국가무형문화재 제34호 강령탈춤 예능보유자), 김나연(황
해도 무형문화재 제4호 화관무 예능보유자) 등이 있다.

1. 성장기

황해도 봉산군 서쪽의 사리원 색동리에서 출생하여 비교적 부유한
어린 시절을 보낸 민천식은 이미 7세 때부터 봉산탈춤, 애기탈춤을
배우기 시작했다. 박천만과 이윤화에게 봉산탈춤을 사사했고, 사자머
리·마부·놀량창 역할과 장구 및 북 반주까지도 섭렵하며 다양한 방면
으로 활동하였다.[6] 당시 민천식은 어린 연희자로 활약하면서 전문 연
희자들과 함께 공연을 시작하였는데, 후에 그가 봉산탈춤의 복원과
전승에 남다른 애정을 보이게 된 것 또한 이 때문이었을 것이라 침량
(斟量)된다.

당시에 봉산탈춤의 입문은 봉산 관아에서 주도적으로 진행하였는
데 그러한 연유로 봉산 지역의 부모들은 자제들이 관아를 자유롭게
드나들며 탈춤을 배우는 것에 호의적이었다고 한다.[7] 민천식의 부모
또한 이러한 이유로 어린 민천식에게 탈춤학습을 권유했다. 민천식은
어린 나이에도 불구하고 타고난 재주로 탈춤 뿐 아니라 소리와 재담,

---

6 한국민족문화대백과사전 편찬부(1991), 『한국민족문화대백과사전·8』, 한국정신문
　화연구원, p.803.
7 박인수(2017), 「봉산탈춤의 역사적 변모와 연희성 연구」, 고려대학교대학원 박사학
　위논문. p.21, p.47.

장고와 북 등 악기까지 두루 섭렵한다. 어린 민천식은 그 재주가 하도 뛰어나 마을 연희나 관아의 행사에서 전문 연희자들과 함께 공연하기도 했다. 어린 연희자의 재주가 신기한 사람들은 그에게 많은 관심을 보였고 그런 연유로 민천식은 봉산탈춤 전문 연희자들과 함께 연희하며 어린 시절을 보냈다.[8] 이러한 어린 시절 봉산탈춤 연희자로서의 활동은 그가 예인의 길을 걷게 된 계기가 되었고, 전문 교육기관인 이왕직아악부에 입학하는 동기가 되었다. 또한 후에 춤·소리·악기와 더불어 가면제작과 연희양상 체계의 정립에 이르기까지 분야를 막론하고 종횡하며 활약할 수 있었던 원동력이 된 것이다. 이렇듯 민천식은 유복한 유년기를 보내며 자신의 예인(藝人)으로서의 기(氣)를 봉산탈춤을 통해 자각했다고 볼 수 있다.

봉산에서 보통학교를 졸업한 민천식은 부모의 권유로 평양 숭실중학교로 진학한다. 평양 숭실중학교는 미국 선교사인 베어드(William Martyne Baird, 한국명 배위량)가 1897년에 평양에 설립한 기독교 학교로, 당시에 민족의식과 항일정신을 학생들에게 명철하게 교육한 민족학교로 알려져 있다.[9] 일제가 식민통치를 본격화하면서 학교 교육 통제를 전제로 고등보통학교로의 교명 변경과 상급학교 진학을 위한 자격요건을 규정하였으나 평양 숭실중학교는 고등보통학교로 교명을 변경하는데 순응하지 않았다. 그 이유는 조선교육령과 사립학교규칙 자체가 기독교 정

---

8 김나연 구술채록(2019년 6월 22일).

9 조영환(2018), '윤동주의 평양 숭실중학교 시절'
   https://blog.naver.com/08skyoo/221202503209.

신의 말살과 동시에 배일 정신의 억압에 대한 의도가 충분히 내포되어
있다는 것을 알았기 때문이다.[10]

이렇듯 학생들에게 민족정신과 애국의식을 고취시킨 평양 숭실중학
교의 이념교육은 일제 통치하에서 수많은 독립운동가를 배출하였다.
대표적인 인물로는 조국의 독립을 위해 목숨을 바친 독립운동가 조만
식, 애국 시인 윤동주 등이 있다. 이러한 청소년기 평양 숭실중학교에
서의 민족교육은 민천식에게 예술에 민중의식을 담고 예술로 애국심을
표현하는 그만의 예술철학을 정립하는 계기가 되었을 것으로 사료(思
料)된다. 민천식이 이왕직아악부에서 체계적으로 학습한 궁중의 악과
무를 떠나 민속춤에 열중하게 된 것 또한 자아가 실현되는 지적 성장기
에 평양 숭실중학교에서의 교육이념이 그의 의식에 큰 영향을 주었을
것으로 판단이 된다. 예인 민천식은 이러한 연유로 자신만의 예술혼을
자유롭게 펼치고 그의 의식과 사상을 함께 공유하며 민족의식을 고취
시키고자 민중과 함께 하는 예인의 길을 선택한 것이다.

2. 예인으로서의 활동기

민천식은 평양 숭실중학교를 졸업하고 다시 고향으로 돌아가 봉산
탈춤 연희자로 활동에 참여한다. 일제 통치하에서 설움 받는 민족의
아픔을 해학과 웃음으로 풀어내려 그가 택한 길이었다. 당시 봉산탈

---

10 한국민족문화대백과사전 편찬부(1991), 『한국민족문화대백과사전·13』, 한국정신
   문화연구원, pp.414~416.

춤은 이서층이라는 신분이 세습적으로 연희를 담당했는데 양반 출신
인 민천식은 봉산탈춤의 다른 연희자들과는 달리 일제강점기 이서층
(吏胥層)[11]이라는 신분의 계급이 폐지된 이후 지식인으로서 봉산탈춤에
관념을 두고 본격적으로 연희자로 참여한 것이다.[12]

　일제의 통치 시기 우리 전통문화의 말살 정책은 한민족(韓民族) 특유
의 단결과 화합의 민족성을 억압하기 위한 정책으로 실행되었다. 우리
나라의 지식인들은 이에 항거하는 암묵적 시위의 방법으로써 전통문화
에 관심을 가지고 민속연구를 함께 주도하였다. 특히 군중 앞에 펼쳐진
마당에서 거리낌 없이 연희할 수 있었던 신명 나는 탈춤은 효과적인
민족운동의 도구였으며 해학(諧謔)적인 대사로 아픔을 달랠 수 있는 우
리만의 언어로 민중과 함께했다. 탈춤은 민족의 아픔을 함께 공유하며
힘을 모아 해방의 탈출구를 찾기 위한 큰 힘이 되었다. 민천식은 이러한
의미로 봉산탈춤을 연희했다. 청년 민천식의 애국의식은 그가 쏟아낸
재담에 고스란히 담겨있었다. 청년 민천식은 우리만의 해학적 언어유
희인 재담을 통해 민족의 아픔과 한을 풀어내려 다시 고향으로 돌아가
봉산탈춤 연희자가 된 것이다. 일제 통치하에서 설움 받는 민족의 아픔
을 해학과 웃음으로 풀어내려 그가 택한 길이었다.

　김나연[13]은 스승 민천식의 재치있는 재담을 추억하며 다음과 같이
회상한다.

11　이서층은 조선시대에 각 관아에서 근무하던 하급관리층을 말한다.
12　임세경(2006), 「봉산탈춤의 전승 양상 연구」, 전남대학교대학원 석사학위논문, p.44.
13　김나연은 황해도무형문화재 제4호 화관무 예능보유자이다.

"비오는 날이면 선생님이 지난 이야기들을 많이 해주었어요. 일본사
람들 앞에서 탈춤을 출 때 그들을 조롱하는 말을 재미있게 표현하면 우리
나라 사람들도 웃고, 그걸 보던 일본사람들은 속뜻도 모르고 따라 웃고,
그 모습이 통쾌해서 선생님은 또 다른 대사를 만들어 내곤 했답니다."[14]

그는 자신이 만든 대사에 민족해방의 열망을 담았고 이러한 이야기
를 어린 학생들에게 전하며 자연스레 그들의 마음에 애국심을 심어준
것이다.

고향에서 잠시 봉산탈춤 연희자로 활동하던 민천식은 전문적인 예인
의 길을 걷기 위한 체계적인 학습이 필요한 것을 절감한다. 그는 예인으
로서의 꿈을 이루기 위해 이왕직 아악부원 양성소(이후 이왕직 아악부로
표기)에 지원하게 된다. 어려서부터 봉산탈춤 연희를 몸에 익히고 춤과
악기연주, 소리와 재담에 능통했던 민천식은 그의 예술적 역량을 성숙
하게 하고 우리의 전통 가·무·악을 학습하고자 이왕직 아악부에 입학
하였으며 그곳에서 궁중의 악과 무를 폭넓게 학습하는 계기를 맞는다.

일제강점기에 조선 왕실의 의식에 관련된 궁중음악을 교육하고 전
승하는 유일한 기관이었던 이왕직아악부는 일제의 규제정책에 다소
위축되기도 하였으나, 근대 장악기관으로서 아악생을 모집하고 교육
하며 그 활동을 이어나갔다. 일본의 통제로 인해 조선 왕실의 공식 연
향(宴享)들이 일제히 폐지됨에 따라 이왕직아악부는 일본이 주최하는
음악대회, 자선회, 위문, 일본 건국기념일 등의 행사나 일본 상류층과

---

14 김나연 구술채록(2019년 6월 22일).

외국 사절단의 환영 만찬 등에 동원되었다. 이러한 행사에서 이왕직
아악부는 연주를 주로 담당하였으며 이들의 새로운 활동 경로인 유성
기 음반 취입과 방송 참여 등으로 활동을 넓히며 점차 대중적인 음악
으로 변모하게 되었다.[15]

　이왕직아악부가 형식을 탈피하고 대중적 음악으로 전향(轉向)하면서
소리에 뛰어난 재능을 보인 민천식은 대중에게 인지도를 얻기 시작했
고 우리나라 최초로 일본으로 건너가 유성기 음반을 취입하게 된다.[16]
그러나 그는 자신의 의지와는 다르게 일제의 행사에 동원되어야 하는
현실에 대한 회의로 이왕직아악부를 수료하고 고향으로 귀향하여 자신
의 고향에서 의식 있는 예인으로서 본격적인 활동을 시작한다.

　이후 그의 예인으로서의 입지는 대단하여 우리나라 무용사에 한 획
을 그은 무용가 최승희(崔承喜, 1911~1969)[17]도 찾아와 그에게 전통춤을
사사하였으며, 명창으로도 이름을 널리 알려 국내 방송은 물론 우리
나라 최초로 일본에서 레코드 취입을 하고 돌아오기도 하였다. 일제
강점기 민천식은 '민관식', '민형식', '민천식'이란 이름으로 활동하였
고, 남한 사회에 정착하면서는 민천식이란 이름으로 활발한 활동을
하였다. 그의 본명은 민관식(民寬植, 1898년생)으로 기록되어 있으나 김
정순, 김나연 등 그의 제자들은 민천식을 본명처럼 기억한다. 그럴수
밖에 없는 이유로 그는 일제강점기 민천식, 민관식, 민형식으로 춤,

15　송방송(2007), 『증보 한국음악통사』, 민속원, pp.551~552.
16　김진환 구술채록(2019년 7월 30일)
17　최승희: 우리나라 최초로 서구식 현대적 기법의 춤을 창작하고 공연한 인물.
　　메디컬코리아 편집부(2011), 『한국무용사전』, 메디컬코리아.

소리, 연주 등 다양한 활동을 하였으나 한국전쟁 이후 남한 사회에 정
착하여서는 민천식이란 이름으로만 살았기에 그의 제자들은 민천식
으로 그를 기억하는 것이다.

3. 해주와 개성 활동기

일제강점기 이왕직아악부 무용부를 수료하고 귀향하여 봉산탈춤
연희자로 활동하던 민천식은 점차 자신만의 색을 가진 노래와 춤을
대중에게 알리기 시작한다. 그의 타고난 재능은 점차 빛을 발하였고
인기를 얻기 시작한 민천식은 황해도와 서울을 오가며 활동하여 당대
명창과 명무로 이름을 알렸다.

1) 명무 민천식

이왕직아악부를 2년 수료하고 고향으로 귀향한 민천식은 개성과
해주를 오가며 권번 기녀들의 교육을 담당하는 권번의 수장으로 활동
을 시작한다. 민천식은 해주와 개성의 권번 예기(藝妓)들에게 이왕직
아악부에서 학습한 궁중의 무용을 비롯한 화관무, 입춤, 굿거리춤, 수
건춤, 장고춤, 한량무 등 자신의 춤과 더불어 봉산탈춤까지 전수(傳授)
한다. 그로 인해 너른 마당에서 상연되던 봉산탈춤을 기방(妓房)에서
도 연희할 수 있도록 춤과 대사를 만들기도 하였고, 이를 극장 무대의
공연으로도 활용하게 된다. 그에게 있어 봉산탈춤은 예술 정신의 근
원이자 잃어버린 조국에 대한 애정을 표현할 수 있는 탈출구였기에

2장 _ 예인 민천식의 삶과 황해도 화관무 **55**

그의 간절한 마음을 담아 상연하고자 권번의 예기들에게 봉산탈춤을
전수한 것이다. 민천식은 예기들에게 춤과 소리만을 가르친 것이 아
니라 전통예술에 담긴 우리 민족의 혼을 불어넣어 준 것이다.

김정순[18]은 "우리 선생님은 애국자였어요."라고 힘주어 대답한다.
수많은 전통춤을 뒤로하고 기녀들에게까지 봉산탈춤을 가르치는 등
평생 봉산탈춤에 몰두한 연유를 묻는 질문에 대한 답변이었다.

"시대가 침체되고 어수선할 때 사람들이 탈춤을 보면 흥이 나잖아
요? 그래서 탈춤을 추셨대요."[19]

그는 일제 통치하에서 우리 전통예술의 맥을 잇기 위해 끊임없이
노력했다. 개성에서 활동하던 민천식은 고려청년회에 가입하여 청년회
관 건립을 위한 회관건축 기성위원으로 활동하였고 이런 노력으로 개
성에 고려청년회관이 탄생하여 지역 예술인들을 비롯한 예기들이 공연
할 수 있는 터전이 마련되었다. 그의 개성고려청년회관 건축 기성위원
으로의 활동기록은 1921년 12월 11일자 동아일보의 기록으로 찾아볼
수 있고, 개성 고려청년회관 건립 후에는 1938년 국방비 모금을 위한
고려청년회 주최 정악 연주회와 예기 연주회 등의 기록을 찾아볼 수
있다. 이는 민천식의 개성 권번 활동 시기로 그가 이왕직아악부를 수료
로 마치고 개성으로 귀향한 이유를 짐작할 수 있는 기록인 것이다.

---

18 김정순은 국가무형문화재 제34호 강령탈춤 예능보유자이다.
19 김정순 구술채록(2019년 8월 3일).

[1921년 12월 11일자 『동아일보』]

민천식이 해주와 개성의 권번 수장으로 활동하던 시기(1920년대부터 한국전쟁 전까지)에 예인들 사이에서는 상당히 알려진 인물이었다고 한다. 김정순과 김진환[20]은 우리나라 무용 역사에 한 획을 그은 무용가로 알려진 최승희와 민천식과의 일화를 이야기한다.

김정순은, "선생님이 해주 권번으로 옮기시고 얼마 후에 한 여성이 선생님께 춤을 배우고 싶다며 찾아왔대요. 그 사람이 바로 그 유명한 최승희였어."[21]라며 이야기를 이어간다.

최승희는 민천식과의 첫날 수업이 끝나고 사흘 후에 다시 오겠다는 약속을 하고 서울로 돌아갔다. 그녀는 약속한 사흘째 되는 날 다시 수업

---

20 김진환(1937~)은 국악인으로, 예명은 김삑국이다.
21 김정순 구술채록(2019년 8월 3일).

을 받으러 민천식을 찾아왔는데 그녀 뒤로 지게꾼이 커다란 거울을
지고 왔다고 한다. 최승희는 거울이 있어야 선생님 모습을 보면서 춤을
출 수 있다고 하며 그 거울을 민천식에게 선물한 것이었다. 당시 거울은
매우 귀한 물건이었기에 예기들의 교육이 빈번한 권번에도 거울을 다
는 일은 생각조차 할 수 없었다.[22] 서구식 무용교육을 받은 최승희였기
에 거울의 필요성을 인식하고 스승에게 거울을 선물한 것이었다.

> "그 거울을 권번에 달고 춤을 한바탕 추는데 선생님이 알려준 춤사위
> 에 동작을 더 늘려 왔더래. 가르쳐준 동작을 응용해서 더 많은 동작을
> 보여주며 어떠냐고 묻는데 그 모습이 너무 예뻐서 선생님이 칭찬을 해
> 주셨다고 해요."

그렇게 일주일 남짓 해주에 기거하며 최승희는 종일 해주 권번 예
기들의 전통 춤사위를 연마했으며 민천식의 승무를 마지막으로 배우
고 돌아갔다고 한다.[23]

김진환 또한 민천식을 이야기하는데, "우리나라에서 무용으로 제일
유명한 최승희란 인물도 민천식 선생님의 제자예요."라며 말문을 연
다. 어떻게 두 사람의 관계를 알게 되었는지를 묻자, 개성 권번 기생
들에게는 유명한 이야기로 남아있었으며 민천식의 인천국악원을 드
나들던 개성 권번 출신의 기생들과 인천국악원에서 함께 수학했던 민

---

22 김정순 구술채록(2019년 8월 3일).

23 유동현·윤현위 외(2018), 『인천의 마음고향 송현동』, 수도국산 달동네 박물관. p.220.
    김정순 구술채록(2019년 8월 3일).

천식의 수제자인 이은관에 의해 알게 되었다고 한다.[24]

신무용의 창시자 최승희는 우리나라 최초로 서구적 현대춤을 창작하고 공연하며 이름을 알리던 때로, 자신의 춤의 정체성 확립과 춤 세계 구축을 위한 목적으로 우리 전통춤 학습에 몰두하였다. 그녀의 춤에 대한 열정은 전통과 현대를 망라하여 '전통춤의 현대화'를 추구하였고 당대 전통춤의 대가인 한성준을 비롯하여 지방을 다니며 기방(妓房)과 무속(巫俗)의 춤을 섭렵(涉獵)하여 새로운 방식으로 우리 춤을 체계화하고자 한 것이다. 최승희는 이러한 목적과 의지로 전통춤을 교육하던 유명한 권번을 찾아다니며 전통춤을 학습하였고 황해도 해주와 개성을 대표하던 민천식을 찾아 권번 예기들의 춤을 학습하는 계기가 된 것이다. 그녀는 전통춤 춤사위는 물론 장구와 북 등의 연주에도 크게 관심을 가졌으며 특히 민천식의 다양한 전통춤과 승무 춤사위를 익히는 데 열중하였다고 한다. 후에 최승희는 우리의 전통춤들을 활용하여 자신만의 창작춤으로 만들어내며 새로운 한국의 무용 양식을 탄생시켰는데, 그중 하나가 바로 화관무이다.

그녀는 1949년 12월의 중국 베이징 공연에서 화관무를 공연했다.[25] 다소 현대화 된 양식을 하고 있지만, 손에 낀 한삼과 화관으로 그 전통성을 살렸다. 또한 이 시기 최승희는 봉산탈춤을 레퍼토리화하여 공연에 올리며 우리의 민속춤에 대한 애정을 보였다. 여기서 다시 생각해 볼 수 있는 것은 1940년대 최승희의 새로운 작품이 된 민속춤에

---

24 김진환 구술채록(2019년 7월 30일).

25 차길진 한겨레 아리랑 연합회 이사장, 『세계일보』, 2017.03.16.

있다. 그녀는 화관무와 봉산탈춤을 같은 시기에 무대에 올렸는데 이
는 모두 민천식에 의해 교방예술로 탄생되고 현재 남한사회에 전승되
어 무형문화재로 지정된 종목들이다. 1930년대 말부터 개성과 해주에
서 유명했던 명무 민천식은 너른 마당에서 연희되던 봉산탈춤과 화관
무를 교방예술로 탄생시켰고 극장 무대로 들여와 공연예술로 탄생시
킨 장본인이다. 민천식에게서 전통춤을 사사한 최승희는 그의 민족정
신을 담아낸 조선의 춤으로 국가의 태평과 백성의 안위를 염원하는
해주 권번 기녀들의 화관무와 풍자와 해학으로 애국심을 고취시킨 봉
산탈춤을 새로운 시각으로 해석하여 그녀만의 작품으로 구상해낸 것
을 유추할 수 있다. 이렇듯 민족의 정신을 담은 그녀의 춤 세계는 한국
무용사에 한 획을 그은 산 역사가 된 것이다.

[최승희 화관무(대한민국 역사박물관)]　　　　[최승희 봉산탈춤(한겨레신문)]

2) 명창 민천식

민천식은 일제강점기에 서울과 해주를 오가며 방송과 궁궐행사 등에서 많은 활약을 보인다. 당시 민천식은 춤도 춤이지만 소리로 상당히 유명해졌고 그를 따르는 제자들도 많아졌다. 민천식은 민천식이란 이름과 함께 민형식이란 이름으로도 개성 권번의 수장으로 활동했으며, 해주 권번에서는 민천식, 민관식이란 이름으로 활동했던 것으로 전해진다. 그는 소리와 춤 두 종목을 함께 활동했기에 각기 다른 이름으로 활동했던 것으로 제자들은 이야기한다.

김진환은 민천식이 민형식으로 활동하게 된 사연(事緣)에 대하여 다음과 같이 회고한다.

> "일본사람들이 하도 선생의 소리가 좋다고 해서 그 당시 해주에서 아주 유명했었데요. 그래서 일본까지 가서 음반을 취입하였고 일본사람들이 그의 이름 민천식의 발음을 제대로 할 수 없어 민형식으로 불렀다고 해요."[26]

이러한 이유로 그 후 민천식은 본명과 함께 민형식이란 예명으로 음반을 취입하고 활동하였고 명창으로 인정받으며 서울과 해주·개성을 오가며 방송과 궁궐행사 등에서 많은 활약을 하였다. 당시 민형식이란 예명으로 활동하던 민천식에 대한 몇몇 기록물을 다음과 같이 확인할 수 있다.

---

26 김진환 구술채록(2019년 7월 30일).

"성악가(민요), 경서도 명창, 개성 권번 사범, 황해도 출신, 서도민요 '난봉가'류의 노래와 함께 '둥가타령' 등 경서도 지방의 노래를 잘 불러 인기를 끌었던 명창이다. '봉산탈춤'과 '꿩타령'을 잘 부른 명창으로 유명 했고, 당시에 끊겼던 '개성팔경가'(開城八景歌)를 최창남(崔昶楠)에게 전 하였다. 콜럼비아음반에 '악양루가'(岳陽樓歌)를 취입했고, 1934~1938 년 '갈가보다'·'가세타령'·'개성난봉가'를 비롯한 수십 곡의 민요를 방송 하기 위해 경성방송국(京城放送局)에 출연하였다. 김계선·김옥선·김죽 엽 등과 함께 취입한 서도잡가 병강수타령·잡가 '악양루가'는 일본 콜럼 비아음반에 전하고, 김일지홍(金一枝紅)·김확실(金確實)과 함께 취입한 구요(舊謠)·근로민요·'꿩타령' 등의 민요는 일본 빅타 음반에 전한다."[27]

"종래에 개성에서 부르던 '개성팔경가'는 어느 문장가에 의해서 지어 진 노래이다. 노래 가사가 어려워 잘 부르지 않아 도중에 끊겼다. 개성의 명승고적(名勝古蹟)과 삼절(三絶)인 화담(花潭) 서경덕·명기 황진이·'박 연폭포' 등을 읊은 명시(名詩)를 서도창(西道唱)의 스타일로 부르는 이 노래는 일제강점기 개성 권번의 사범(師範)이었던 민형식(閔衡植)에 의 해서 불리다가 현재 최창남(崔昌男)에게 전수되었다."[28]

이은관(李殷官, 1917~2014)[29]과 함께 명창으로 유명했던 최창남(崔昌 男, 1935~)[30] 역시 인천국악원에서 민천식에게 수학한 제자이다. 그 또한 민천식에게 소리는 물론 북춤과 오고무까지 학습하며 그의 춤을

---

27 송방송(2012), 『한겨레음악인대사전』, 보고사, p.317.
28 송방송, '개성팔경가', 『한국음악용어론 제1권』, pp.81~82.
29 이은관(李殷官, 1917~2014): 국가무형문화재 제29호 서도소리 예능보유자.
30 최창남(崔昌男, 1935~): 국가무형문화재 제19호 선소리산타령 예능보유자.

전수하였다고 한다.[31]

민천식이 해주 권번에 있을 당시에 이은관은 권번 기생들과 함께 소리를 배웠고, 그 인연으로 인천에 정착한 민천식에게 소리와 재담을 사사하기 위해 인천국악원을 다녔다고 기억하고 있다.[32] 강원도 이천 출생인 이은관은 부모님의 반대에도 불구하고 10대 후반부터 소리를 배우기 위해 황해도 사리원, 황주와 서울을 오가며 당대 명창들을 찾아다녔다고 기록되어 있다. 당시(1930년대) 민천식은 고향인 사리원을 비롯한 해주·개성 권번에서 활동하던 시기였으므로 활동 시기와 거점을 토대로 이은관과 인연의 시작을 유추할 수 있다. 김정순에 의하면 이은관과 함께 활발히 활동하던 최창남 역시 민천식의 제자로 한때 꽤 인기가 높았던 시기에도 큰 공연을 앞두면 꼭 민천식의 국악원을 찾아와 공연에 대한 지도를 받았다고 한다. 당시 소리와 재담으로 유명하던 이은관과 최창남도 민천식의 제자라며 명창으로서의 스승을 기억하고 있었다. 그들은 우리나라에서 각자의 소리로 한 시대를 풍미했던 국악인들이다.

4. 남한 정착기

1950년 한국전쟁 이후, 인천과 근접한 북한지역에서 남하한 민속예술인들이 인천에 정착하여 활동하였는데 그 대표적인 인물이 바로

---

31 최창남의 수제자 이장학(국가무형문화재 제19호 선소리산타령 이수자) 구술.
32 김진환 구술채록(2019년 7월 30일).

민천식이다. 한국전쟁 이후 인천에 터전을 잡은 민천식은 동구 송현동
에 무용연구소를 개소하고 후에 인천국악원장으로 활동하였다. 그는
인천지역에 황해도 및 서해문화권의 민속춤을 비롯한 전통춤을 정착시
키는 계기를 만든 장본인으로 그 문화사적 의의는 크다고 할 수 있다.

1960년대에도 인천지역에서는 아동 및 초등학교 과정의 전문적인
무용교육이 활발히 진행되고 있었다. 민천식을 필두로 이명미, 이춘옥,
김매자, 이명숙, 이영희 등에 의해 다수의 사설 무용학원이 운영되었으
며 이들의 활동은 인천지역 전통춤 인구의 저변확대와 활발한 작품
창작 활동의 기틀이 되었다.[33] 학생 수가 증가하고 국악원이 확장되며
그가 운영하던 인천국악원은 황해도에서 피난 나온 예술인들의 활동
거점이었으며 그의 명성을 듣고 찾아오는 문하생들로 문전성시를 이루
었다. 이들과 함께 민천식은 인천을 중심으로 다양한 공연을 하였으며
경연대회들을 창설하며 한국무용의 발전과 대중화의 기반을 확립했다.

민천식이 운영한 인천국악원은 무용과와 국악과로 나누어 교육을
진행했다. 무용과에서는 궁중무용과 민속무용, 장구와 북 등을 가르
쳤고, 국악과는 경서도 민요와 좌 창, 판소리에 이르기까지 전반적인
소리와 장단, 재담과 발림을 위한 무용까지 다양한 교육 프로그램을
진행하였다. 40평 남짓한 그의 국악원은 무용을 배우러 온 어린 학생
들은 물론 전쟁으로 고향을 잃고 새로운 터전에서 다시 자신의 예인으
로서 꿈을 이루기 위해 도전하는 사람들의 배움터가 되었다. 민천식
의 인천국악원은 개성 권번장이 운영하는 연구소로 이름이 나 있었기

---

33 '무용', 『한국향토문화전자대전』, 한국학중앙연구원.

에 개성에서 피난을 나온 기생들은 물론 월남한 전통예술인들이 많이
드나들며 서해권 전통예술 전승의 터전이 되었다.

　김정순은 "개성 권번 원장이 국악원을 차렸다 하니까 개성에서 피
난 나온 여자들은 다 왔을 정도야."라며 개성에서 피난 온 여인들이
고향이 그리워 드나들며 고향의 춤과 소리를 추억하는 곳으로 민천식
의 국악원을 회상한다.

　당시 민천식은 해주와 개성을 오가며 권번 예기들과 함께 공연했던
자신만의 춤, 화관무를 비롯한 입춤(굿거리춤), 수건 춤, 장고춤, 승무,
검무, 용무, 오고무 등을 완성하였고 포구락, 무고, 춘앵전, 학무, 연화
대무 등을 공연하였다. 김실자[34]는 스승인 민천식을 포구락, 연화대,
학무 등 개인 종목으로 문화재가 되었으면 더욱 빨리 이름을 알릴 수
있었을 것이라고 안타까워하며 민천식의 북춤을 추던 모습을 생생하게
추억했다.[35]

　　"당시 그 지역에서 활동하는 춤, 소리하는 사람, 무당들까지 다 와서
　배웠지. 춤, 노래, 장단 반주까지 다 했으니까." 김진환은 그가 기거하
　던 민천식의 국악원이 활발히 운영되던 당시를 상세히 기억하고 있다.

　　"선생님(민천식선생을 지칭한다)은 양반집 아들이었지. 머리도 좋고
　글도 잘 쓰고, 한자로 다 쓰여있는 그 어려운 초한가 가사도 우리 말로
　다 만들어 가르쳐주셨지. 우리 내 소리꾼들 하곤 달라."[36]

34　김실자(1928~2015)는 국가무형문화재 제34호 강령탈춤 예능보유자이다.
35　국립무형유산원(2017), 『김실자 구술 자서전 한바탕 잘 뛰었네』, p.91.
36　김진환 구술채록(2019년 7월 30일).

김진환은 민천식을 이렇게 회상하며 어려서부터 부모의 지원으로 다방면으로 수학하여 글도 잘 쓰고, 장구와 북을 비롯해 해금 피리까지 악기도 잘 다루고, 재담과 소리도 잘하며 노랫가락의 가사도 직접 쓰기도 하는, 못 하는 것이 없는 민천식의 예술적 능력에 대하여 놀라움을 표현하며 '천재 예인'으로 기억하고 있다.

민천식은 소리는 물론 춤으로 더욱 유명했었기에 김진환은 일 년을 넘게 민천식의 인천국악원에 기거하며 그에게서 소리와 춤을 함께 수학(受學)하였다. 당시 민천식은 우리 전통춤은 물론 탈춤과 무용극도 무대에 올리며 다양한 활동으로 인천지역 공연예술 정착에 앞장섰다.

> "탈춤, 북청 사자놀음 못 하는 게 없어. 그 양반이 직접 하얀 사자를 만들어서 그걸 학생들하고 췄지, 용도 만들어서 용춤도 추었고……"

김진환은 민천식이 복원해 낸 탈춤 과정을 이야기하며

> "그걸 만든 사람이 민천식 선생이에요. 탈도 만들고, 그거 춤 만드는 데는 왕이야. 최경만 선생이라고 있었는데 그 양반도 민천식 선생한테 와서 새 춤(그는 학춤을 새 춤으로 기억하고 있다.)인가 배워가고, 각설이 제일 잘하는 박일심 선생에게 장단을 가르치는데 입으로 장단을 다 가르쳐 줬어. 입장단 넣는 걸 다 가르쳐 준거지. 어쨌든 그런 천재는 나오기가 힘들어. 노래하겠다, 무용하겠다, 일본사람 중국 사람 걸음걸이 이런 거 춤은 다 하니까. 그 선생이 춤추실 때 안 미치는 사람 없어. 그 양반이 '눈썹은 기러기 삼자요, 반달 같은 눈에, 오이씨 같은 버선발에 사부작사부작 걸어가는 모습' 이러면서 무용하는 사람들한테 가르쳐

주면 무용하는 사람들이 다 좋아했지."

민천식은 전통춤은 물론 악기를 다루는데도 능통했다. 권번에서 기
녀들의 예능교육을 담당했던 그는 해금, 양금은 물론 북과 장구의 장
단에도 능통했다. 그가 추는 북춤과 장구춤의 화려한 몸짓과 다채로
운 장단의 기교를 그의 제자들은 입을 모아 칭송한다. 김진환은 그가
장구 장단을 치면 장구가 우는 것과 같다고 감탄했으며, 김정순은 감
히 범접할 수 없는 분이라고 표현했다. 김나연은 빨간 북을 들고 앉았
다 뛰어오르는 그의 모습을 한 마리의 새와 같다고 표현했으며 김실자
는 가볍게 공중으로 도약하는 그의 모습은 누구도 따라 할 수 없다고
이야기했다. 민천식은 그렇게 제자들에게 그의 몸짓을 각인시켰다.
민천식은 수많은 전통춤과 노래, 연주로 이름을 알렸으며 그의 춤이
가진 예술적 가치는 지금도 우리 곁에 보석 같은 존재로 남아있다.

　"그런 사람이 또 나올 수 있을까? 장구를 치면 장구가 울고 북을 치
　면 북이 울었지요. 소리는 대한민국에 따라갈 사람이 없었고, 김천흥
　선생도 이은관 선생도 민천식 선생님이라면 굉장하게 생각했어요. 나
　도 지금까지 살면서 그런 천재는 본 적이 없어."[37]

김진환은 위와 같은 말로 민천식 선생의 예술적 능력에 대하여 놀
라움을 표현했다. 이렇듯 민천식은 한 시대를 대표한 명창이었다. 혼
란의 시기, 격동의 시대를 풍미한 그의 소리를 듣고 배우기 위해 찾아

37　김진환 구술채록(2019년 7월 30일).

오는 많은 사람으로 인해 그의 국악원은 문전성시를 이루었다. 당대
명창으로 이름을 알린 이은관, 최창남, 김진환(예명: 김뺵국) 등이 모두
그를 거쳐간 제자들이다.[38]

민천식을 추억하는 제자들은 탈춤, 학춤은 물론 움직이는 용을 종
이로 만들어 용춤을 추던 모습을 가장 인상 깊게 기억한다. 김정순은
"그 용을 만드는 걸 못 배운 게 한이야. 선생님께 탈 만드는 거, 학
만드는 거 다 배웠는데 용 만드는 것을 못 배워가지고."라며 그의 용
춤이 전승되지 못하는 현실에 대해 아쉬움을 토로한다.

> "선생님은 학과 연꽃, 탈과 용도 모두 다 척척 만드셨어요. 다음날
> 학무 공연을 하시는데 전날 밤까지 저와 학의 탈에 털을 붙이셨어요.
> 그렇게 만들었던 탈을 선생님께서 작고하신 후 김천흥 선생님께 드
> 렸지."[39]

김정순은 위와 같은 말로 김천흥과의 인연에 관한 이야기를 시작
했다.

김천흥이 이왕직아악부 아악부원 양성소에 입학하면서 민천식과의
인연은 시작되었다. 이왕직아악부에서 만난 민천식은 김천흥을 친동
생처럼 아꼈다고 한다. 민천식은 평양 숭실중학교를 졸업하고 고향인
사리원에서 활동하던 중 비교적 늦은 나이에 양성소를 지원하였고,
김천흥은 한참 어린 열네 살의 소년이었다. 민천식은 어린 그를 유독

---

38 김진환 구술채록(2019년 7월 30일).
39 김정순 구술채록(2019년 8월 3일).

아껴주었고, 후에 남한에 정착하며 함께 활동하던 시기에도 김천흥에
게는 아낌없이 지원하고 도와주었다고 한다.

　김정순은 다음과 같이 선생님들과의 추억을 전한다.

　　"우리 선생님이 개성 권번에 계실 때 궁궐의 행사가 있어 공연하기
　위해 서울로 오면 꼭 김천흥 선생님을 만나고 가셨대요. 김천흥 선생님
　이 무용을 배우실 때도 민천식 선생님이 가끔 들러 함께 연습해 주기도
　하셨다지요. 한참 인천에서 공연을 많이 하실 때 포구락, 춘앵전, 학무,
　연화대무들을 다 공연시키시더니 언젠가부터 딱 끊고 다른 춤들만 연
　습시키시는 거야. 나중에 선생님께 여쭤봤더니 '천흥이 저렇게 열심히
　하는데 내가 하면 안 되지.'라고 하시더라구. 선생님이 돌아가시고 나
　서 김천흥 선생님이 연습실로 오셨는데 그때 선생님과 함께 만들었던
　학을 얼른 싸서 드렸지. 그 후로도 김천흥 선생님을 만나게 되면 늘 우
　리 민 선생님의 제자라며 저를 더욱 아껴주셨어요."[40]

　김진환 또한 민천식에 의해 김천흥과의 사제간의 인연이 시작되었
다고 했다.

　　"그때는 서울에 가면 출세한다고 해서 서울에 가고 싶다고 했더니
　'니가 서울에 가서 활동하고 싶으면 김천흥을 찾아가라'고 해서 김천흥
　씨를 찾아갔지."[41]

40　김정순 구술채록(2019년 8월 3일).
41　김진환 구술채록(2019년 7월 30일).

　김정순과 김진환은 민천식과 김천홍의 관계를 말하며 형과 아우 같은 사이로 기억한다.

　민천식은 인천국악원이 원활히 운영되자 성장기 그에게 꿈과 의식을 심어준 봉산탈춤의 복원작업에 열중한다. 봉산탈춤에 대한 그의 애착은 1958년 8월 김진옥, 이근성 등과 함께 '한국 봉산 가면극 연구회'를 결성하게 되고[42] 체계적인 복원작업에 노력을 기울였다. 그는 가면과 연희도구도 직접 제작하고 음악과 안무도 체계화하였으며 전 과장의 소리와 대사는 이두현(1924~2013)[43]에 의해 채록본으로 제작되어 전승체계를 확립하였다.[44]

　봉산탈춤의 온전한 복원과 연희법 개발을 위한 각고의 노력으로 그는 1958년 전국민속예술경연대회에 참가하여 지금의 대통령상인 내각수반상을 수상하였다. 이는 봉산탈춤이 국가무형문화재로 지정되는 계기가 되었다. 이두현과 김천홍은 민천식과 양소운을 중심으로 채록본을 제작하였고 이를 토대로 1965년 8월 국립문화재 연구소의 주도하에 봉산탈춤 음원이 제작되었다. 당시 음원은 민천식을 비롯한 김진옥, 양소운이 대사와 소리를 맡아 진행되었고, 민천식은 양소운과 함께 재담과 연행가요를 녹음하였다. 그의 각고의 노력으로 봉산탈춤이 국가무형문화재로 지정되기에 이르렀으며 그는 1967년 6월 16일 '국가무형문화재 제17호 봉산탈춤'의 놀량창과 사자마부의 예능보유자로 지정되

42　임세경(2006), 「봉산탈춤의 전승 양상 연구」, 전남대학교대학원 석사학위논문, p.16.
43　이두현: 민속학자로 서울대학교 명예교수이다.
44　박인수(2017), 「봉산탈춤의 역사적 변모와 연희성 연구」, 고려대학교대학원 박사학위논문. p.21, p.36.

었다. 그러나 그의 숙원인 봉산탈춤 예능보유자로 지정 통보를 받은
날 저녁 안타깝게도 자택에서 심장마비로 운명을 달리했다. 현재 봉산
탈춤 재담꾼이자 연행가요의 남성 배역 가창자인 그가 불렀던 연행가
요는 전승이 중단된 상태이다.[45] 그의 소리를 전승할 뛰어난 봉산탈춤
연희자를 기대하며 그의 인생과 예술혼이 고스란히 담긴 봉산탈춤 연
행가요의 복원과 전승을 간절히 기대할 뿐이다.

시대적 천재 예인 민천식은 인천지역을 중심으로 활동하며 궁중춤과
민속춤, 특히 황해도 지역 교방 예술의 핵심인 해주와 개성 권번의 전통
춤을 남한 사회에 정착시켰고, 봉산탈춤 복원을 필두로 강령, 은율,
해주탈춤 등의 연구와 전승에 큰 영향을 미쳤다. 그의 전통춤 또한 꾸준
히 전승되어 각계에서 민천식의 후계 구도를 확립하였다. 그의 제자들
은 인자한 스승의 비범한 춤사위를 전승하기 위해 꾸준히 노력하였고
그 춤의 명맥은 1세대 제자인 김실자(국가무형문화재 제34호 강령탈춤 예능
보유자), 김정순(국가무형문화재 제34호 강령탈춤 예능보유자), 김나연(황해도
무형문화재 제4호 화관무 예능보유자) 등에 의해 구축되었다. 이렇듯 민천식
은 그의 인생을 바친 예술 세계와 민족혼을 담은 춤사위를 후세에 남겨
주었고, 소멸위기의 북한지역 전통예술을 남한 사회에 정착시키고 계
승하는 과업을 이룩한 것이다.

---

45 김호석(2014), 「해서탈춤의 연행가요 및 반주 음악 연구」, 단국대학교대학원 박사학
위논문, p.37.

3장

김나연에 의한 전승 현황과 계승자들

현존하는 민천식 전통춤의 유일한 계승자라고 할 수 있는 김나연은 2011년 8월 1일에 민천식의 화관무로 황해도무형문화재 제4호 화관무 예능보유자로 지정되었다.

1. 김나연에 의한 전승

황해도 연백(延白) 출신인 김나연은 부유했던 어린 시절에 조부모와 부모로부터 넘치는 사랑을 받으며 성장하였다. 김나연은 당시 또래들과 비교하면 하얀 얼굴에 이목구비가 뚜렷한 서구형 생김새로 눈에 띄게 예쁜 아이였다. 그녀는 초등학교 입학과 동시에 담임 선생님의 관심을 받고 학교를 대표하는 어린이 유희단으로 선발되어 무용을 시작했다.

"그때는 무용이라기보다 율동이었어요. 동요에 맞춰서 선생님이 무용을 가르쳐 주면 그걸 무대에서 공연하는 거예요. 마을 공회당에 군인같이 머리를 짧게 깎은 사람들이 많이 모이기도 하고, 마을 주민들이 모이면 그 앞에서 공연을 한 거지요."[1]

당시 그녀의 아버지는 보성전문학교를 졸업한 후 고향에 돌아와 가업을 이어가며 학창시절 연극반에서 활동하던 특기를 살려 뜻이 맞는 사람들과 연극을 만들어 무대에 올리기도 하였다. 그런 아버지 덕에 무용을 시작한 김나연은 많은 지원을 받을 수 있었다. 초등학교 1학년 김나연에게 무용은 학교 선생님들과 마을 어른들의 예쁨을 한껏 받을 수 있는 재미있는 놀이였다. 김나연이 정규 수업을 마치고 언니들과 어울려 무용연습을 하고 나면 행여라도 지치고 힘이 들까봐 그녀의 할머니와 아버지가 하교를 도왔다고 한다. 아버지와 할머니 등에 업혀 하교할 수 있는 특혜가 주어졌기에 그녀는 당시의 무용연습시간을 더욱 행복한 순간으로 추억한다.

한국전쟁의 발발로 김나연은 연백군에서의 짧은 초등학교 생활을 뒤로한 채 부모님과 함께 남한으로 피난 내려와 인천 강화군 교동면에 정착하게 된다. 당시 교동초등학교 교사로 무용을 가르쳤던 사촌 올케언니의 권유로 방과 후 무용을 다시 시작하게 된다. 부모의 집중적인 관심과 자녀에 대한 교육열로 김나연은 다시 인천으로 이주하여 서림초등학교를 거쳐 당시 인천의 명문 여중·여고인 인천여자중학교와 인천여자고등학교를 졸업한다.

---

1 김나연 구술채록(2020년 12월 3일).

아동기에 유희단으로 활동하며 배웠던 무용에 대한 학습 의지는 그녀의 성장과 함께 점차 커져갔고, 중학교 진학과 함께 당시 인천지역에서 유명했던 민천식의 인천국악원을 찾아가게 된다. 하굣길, 장구소리에 이끌려 문을 연 국악원이 너무 많은 사람으로 북적여 부끄러움 많던 김나연은 문을 닫고 나오려는데 민천식 선생님이 따라 나오시며 그녀를 맞이해 주셨다고 한다. 무용이 너무 하고 싶어서 찾아왔다는 그녀의 말에 민천식은 다음날 바로 학생부로 등록을 권유하였다. 이것이 민천식과 김나연이 사제의 인연을 맺는 첫 시작이었다. 민천식은 김나연의 소질을 보고 중·고등학교시절 내내 학생부 공연의 중심에 서도록 했고, 이 시기에 공연 연습을 하며 성인반에서 활동하던 김실자, 김정순 등과도 인연을 맺게 된다.

김나연은 평생 잊지 못할 스승과의 추억을 꺼내놓는다.

> "여고 1학년 어느 추운 겨울날이었어요. 하굣길에 더 빨리 연습하고 싶어서 국악원에 뛰어갔는데 선생님이 계신 거예요. 저를 반갑게 맞으시면서 제 꽁꽁 언 손을 녹이라고 난로 앞에 앉혀주셨지. 그러면서 '너는 꼭 내 제자를 만들테니 쉬지 말고 춤추거라' 하시는 거예요. 지금 생각해 보면 그 어린아이가 무얼 안다고 그러셨겠어? 그런데 사람 말은 꼭 이루어진다고 믿어요. 난 우리 선생님이 그 약속을 하늘에서도 지키신 것이라고 생각해요. 우리 선생님 생각만 하면 늘 감사하지."[2]

성인이 된 김나연은 인천지역에 연구소를 개설하고 민천식류 춤의

---

2 김나연 구술채록(2020년 11월 20일).

맥을 잇는 활동을 시작한다. 민천식의 이른 타계로 민천식류 전통춤의 전승체계는 당시 인천지역에서 연구소를 운영하던 김실자, 김정순, 김나연 등으로 한정되었는데, 김실자와 김정순이 탈춤연구로 전향하면서 민천식류 전통춤의 전승 구도는 김나연에게 집중되었다. 김나연은 꾸준한 전승 활동으로 스승인 민천식의 춤을 복원하고 체계를 갖추어 전승해 왔지만, 김나연 또한 주로 인천지역 활동으로 인해 지역적 한계를 벗어나지 못하고 소수의 제자들에 의해 명맥을 유지하게 된다. 민천식의 춤이 다시 활발히 전승되기 시작한 것은 이북5도위원회의 북한지역 문화예술 발굴이 활발해지던 시기로, 민천식이란 인물의 예술과 창작 활동에 대한 역사성이 입증되어 민천식 춤의 원형을 보존하고 있던 김나연의 전승 활동을 인정하면서부터이다.

김나연은 스승에 대한 존경심으로 시대의 변화와 함께 요구되는 창작적 요소를 배제하고 원형을 유지하여 계승하는 작업에 주력해 왔다. 2011년에는 김나연의 원형보존 의지가 인정되어 민천식의 화관무가 황해도 무형문화재 제4호로 지정되기에 이른다. 문화재 지정 이후 전승 환경에 큰 변화는 없었으나 그녀의 의지는 더욱 확고해졌다. 화관무의 전승을 위해 많은 공연에 참여했고, 전승 교육체계도 차츰 체계화되었다. 그리하여 화관무 전승을 목표로 하는 이수자들이 배출되고 점차 보존회의 규모도 확대되어 지금의 체계를 갖추게 되었다.

김나연은 "선생님은 어느 공연에서든 화관무는 빼놓지 않았어요. 그래서 선생님 연구소에 입문하는 학생들은 무조건 화관무는 배워야 했지요. 선생님께서는 어린 우리에게 이 춤은 나라의 태평성대를 기원하면서 추는 좋은 춤이라는 것을 늘 강조하시며 꼭 배워야 한다고 하셨지요."[3]라고 말하며 화관무에 대한 애착을 갖게 된 이유를 설명했다. 김나연은 이러한 화관무의 의미와 스승의 마음을 헤아려 소중히 전승해 온 것이다. 김나연의 민천식류 전통춤의 복원과 전승은 자칫 유실될 수 있었던 황해도 해주지역의 교방과 권번 여기 춤 연구의 소중한 자료로 인정되었고, 민천식의 춤이 역사적으로 재인식될 수 있는 계기가 된 것이다.

민천식 화관무 이외에 해주 권번에서 추어지던 민천식의 수건춤, 황진이춤, 장고춤, 검무, 바라춤 등의 많은 작품은 김나연에 의해 전승을 이루었다. 이는 남한의 교방무에 한정되었던 교방춤의 연구를 북한지역의 대표 교방인 해주지역을 비롯한 황해도지역의 민속춤으로 확장할 수 있는 계기가 되었다. 민천식이 유실 위기의 해서 지역 전통춤의 효시였다면, 김나연은 그 춤을 남한사회에 정착시킨 공로자인 것이다. 이처럼 전통춤의 맥을 잇는 계승 의지는 후세대 전통을 지키는 예술인들의 범본(範本)이 될 것이다.

2. 전승계보

전통춤은 기록으로 남아있는 자료가 충분하지 못해 대부분 계승 구도상의 혈맥 세습이나 구전 등에 의존하여 계승되어왔다. 또한 간간이 역사서에 수록되어있는 기록을 통해 전통춤의 계보를 가늠할 수

---

3 김나연 구술채록(2019년 6월 22일).

있다. 독자적인 문화형태로서의 전통춤은 시대의 문화적 경향이 안무자의 예술적 경향으로 반영되어 발전되어 왔다. 안무자의 성향이 투영된 특징적 형식을 만들어 내고 이를 따르는 제자들에 의해 하나의 계보를 형성하게 되는 것이다.

민천식의 화관무는 궁중의 형식을 틀로 삼고 교방춤의 특성을 잘 융화시켜 민속적 춤사위가 가미된 바탕 위에 그의 사상과 애국의식을 반영하여 완성되었다. 본인만의 춤 체계를 구축한 민천식은 전승 활동이 활발해야 하는 시기에 일찍 타계하였으나, 지척에서 그를 지키던 제자들에 의해 그 원형이 잘 보존되어 지금까지 전승되어 온 것이다.

특히 해주 권번 전통춤 교육의 토대였던 민천식류의 춤은 김나연(황해도무형문화재 제4호 화관무 예능보유자)에 의해 전승되었고, 김나연의 계보를 이은 본 연구자(황해도무형문화재 제4호 화관무 전승교육사)에게 계승되어 교육되고 있다. 황해도 무형문화재 제4호로 지정된 화관무는 2011년의 문화재 지정 이후 꾸준한 전승교육을 통해 보존체계를 확립하고 다음과 같이 이수자, 전수자로 이어지는 전승 구도를 형성하고 있다.

민 천 식
황해도 무형문화재 제4호 화관무 안무자

⇩

김 나 연
황해도 무형문화재 제4호 화관무 예능보유자

⇩

차 지 언
황해도 무형문화재 제4호 화관무 전승교육사

⇩

화관무 보존회

이수자

류영숙, 박민희, 정성희, 공은실, 윤경월, 김은미, 강향란, 이수경, 차승란, 강미영, 손영이, 신미라, 황연숙, 권광주, 전유재, 이영희, 김기숙, 김경옥, 이경희, 윤연숙, 홍인숙, 심숙자, 성은미, 김은진, 김소원, 이상숙, 최경화, 이인자, 배진희, 조정아, 지혜미, 서혜라, 김종옥, 김미희, 권숙경, 정순이, 최순희, 정진희, 안지형, 최지혜, 송채윤, 송민숙

전수자

윤정선, 오경은, 조금래, 박영숙, 임나리, 김진희, 김신애, 백경수, 남정수, 안금자, 김미자, 김소연, 임해진, 박정희, 이재숙, 천수아, 김진영, 홍지연, 염예주, 박영주, 원윤경, 윤미경, 심경애, 조미수, 김진경

〈민천식 화관무의 전승체계〉

  지금까지 민천식의 화관무에 관한 연구는 춤사위와 전반적인 구성 (음악, 무복, 무대구도) 위주였다. 반면에 춤의 표현방식이나 춤에 내재된 사상과 의식 등에 관한 연구는 부족한 것이 현실이다. 따라서 시대와 공간의 경계를 초월하여 전승된 민천식 화관무의 전통춤으로서의 미적 가치와 문화적 영향력에 대한 논의는 반드시 필요하다. 그러므로 이 글은 민천식 화관무 춤사위의 구조적 분석을 통해 춤의 구성적 특성을 파악함으로써 전통춤으로서의 역사적 가치와 학문적 가치를 입증할 자료로서의 가치가 있다. 이에 화관무의 역사 정립과 무용사적 가치 확립을 위해 한국 무용사를 전반적으로 고찰하며, 민천식의 생애와 춤의 계보를 정리하고 민천식 화관무의 전반적인 춤의 구성분석을 통해 내재된 사상과 안무자의 철학적 의식기반을 학문적으로 재조명한다. 이는 민천식 화관무의 형식적 특징인 춤사위와 구조에 대한 표면적 접근과 더불어 시대의 양상이 반영된 춤의 의미와 지역적 특성, 향유 계층적 특징과 그들의 사상, 안무자의 내면적 세계 등에 관해 포괄적으로 연구함을 의미한다. 그러므로 민천식 화관무에 관한 이번 연구는 춤사위 구조의 논리를 증명할 수 있는 사상성 분석을 통해 그 예술적 가치기반을 확립해야 한다는 필요성을 갖는다.

  민천식의 화관무는 지금은 갈 수 없는 북한의 황해도지역이 전승의 기반이며 황해도의 지역 특성을 토대로 한다. 통일세대를 앞둔 현시 대에 북한지역을 기반으로 한 예술에 관한 연구는 문화 동질성 회복을 위한 매개로 좋은 역할을 할 것이다. 전통문화의 존재를 부인하고 사 상기반의 문화예술이 주를 이루는 북한지역 우리 전통예술에 대한 이 해는 단일민족으로서의 민족의 정서를 공유하고, 분단으로 인한 시·

공간적 공백이 주는 이질성을 극복하며, 민족적 공동체 의식을 고취하는 데 큰 도움이 될 것이다. 통일의 상징적 의미로서의 민천식의 황해도 화관무 연구는 분단된 조국의 현실에서 황해도의 전통예술 계승이라는 역사적 의미를 공유하는 연구 자료가 되어 그 가치 또한 높다고 본다. 따라서 통일국가를 대비하는데 있어 남과 북이 공유할 수 있는 전통예술로서의 역사적 가치 인식과 공동체로서의 민족의식함양에도 큰 역할을 할 수 있을 것이다. 이를 토대로 북한지역의 전통예술이 재조명되고 대중의 관심과 더불어 활발히 연행될 수 있는 기반형성에 중요한 밑거름이 될 것으로 기대한다.

4장

민천식 화관무의 음악

1. 음악의 특성

민천식 화관무의 음악은 해서탈춤인 봉산탈춤, 강령탈춤, 은율탈춤
과 해주검무 등에 사용되는 악기 구성인 삼현육각의 연주 형태를 하고
있다. 삼현육각은 향악의 전형적인 악기편성으로 조선시대 삼현육각
은 궁중은 물론 민속예술에서도 보편적으로 사용되었으며 무용·민속
극·행악의 기본 편성으로 연주되는[1] 악기의 구성 형태이다. 궁중 또
는 지방관아와 사가(私家)의 연향(宴饗)에서 연주하는 거상악(擧床樂),
무용 반주, 고위관료(高位官僚) 행차의 연주 음악, 향교(鄕校)의 제사 음
악, 각 지역 굿·가면극 등의 민속예술 반주 음악에 삼현육각 악기 구
성으로 연주되었다. 두 대의 피리와 해금, 대금, 장구, 북의 악기 구성

---

1 '삼현육각', 조선향토대백과 민속문화관(2008), 민속음악 122~141.

인 삼현육각 연주 장면은 조선 시대 대표적 풍속화인 김홍도의 '무동' 과 신윤복의 '쌍검대무' 그림의 장면으로 확인할 수 있다.[2] 당시 민속 놀이와 개인적 행사에서 행해지는 탈춤, 검무, 승무 등의 춤과 노래, 놀이의 반주로 널리 사용되었던 삼현육각은 황해도 봉산 지방에서 성행한 '봉산탈춤'의 탈춤 반주 음악으로도 활용되어 '탈춤 영산'을 연주하였다.[3] 경우에 따라서 악기 구성이나 편성 인원 등에 다소 차이가 있을 수 있으며 지역에 따라서도 악곡의 구성이나 음악적 특징에 다소 차이를 보이고 있다.[4] 황해도 해주지역에서 주로 연주되던 황해도 삼현육각은 탈놀이 반주, 지역 토호들의 잔치에서 연희되기도 하였으며 검무(劍舞)·승무(僧舞)·성진무(星辰舞)·팔선무(八仙舞)·한량무(閑良舞)·남무(男舞) 등 다양한 춤의 반주로 사용되었다.[5]

민천식 화관무는 발생지역의 특성상 황해도 삼현육각의 악기 구성을 기본으로 하는데 이는 대표적 해서탈춤인 봉산탈춤의 구성과 유사하다. 이는 민천식 화관무의 발생지역이 황해도 해주이며 오랜 세월 해주지역 연희에 주로 행하여진 이유와 더불어 민천식 또한 황해도 봉산과 해주, 개성에서 오랜 세월 활동하였기 때문이다.

민천식 화관무의 반주 음악은 1950~1960년대 남한 정착 당시 여건상 음반으로 제작되어 전해지지 못해 같은 시기(時期) 민천식이 공연에

2　한국민속대백과사전 참조.

3　'삼현육각', 조선향토대백과 민속문화관(2008), 민속음악 122~141.

4　'삼현육각', 문화재청, 문화유산.

5　한국민족문화대백과사전 편찬부(1991), 『한국민족문화대백과사전·11』, 한국정신문화연구원 p.448.

서 연주하였던 반주 음악과 인천국악원에서 원생들을 가르치던 장단을 기억하는 김실자와 김정순 그리고 김나연에 의해 복원되고 재현되었다. 현재 연주되고 있는 민천식 화관무의 반주 음악 중 장단을 중심으로 전승 양상을 살펴보면 남한 정착 초기의 음악은 봉산탈춤 반주 음악을 중심으로 황해도 피리 가락으로 연주되며 염불도드리 ≫ 타령 ≫ 염불도드리의 구성으로 연주되었고 후에 굿거리장단이 추가되어 구성되었다고 한다.[6] 봉산탈춤 복원에 주도적 역할을 하던 민천식은 인천국악원 주최의 공연에서 봉산탈춤을 학생들에게 가르쳐 그의 전통춤과 더불어 봉산탈춤도 하나의 레퍼토리로 무대에 올렸기에[7] 그 연주 형식을 같이 한 것으로 유추된다.

민천식 화관무의 음악이 지금의 반주형식을 갖추게 된 것은 김나연의 복원작업에 의해서이다. 김나연은 당시 활용되던 음악을 토대로 재구성하는 과정에서 최경만[8]과 함께 작업하여 현재 반주 음악을 완성하였다. 이러한 과정에서 봉산탈춤 음계의 황해도 피리 가락의 염불도드리 장단과는 다른 서도 풍류 피리 선율과 더불어 음계의 변화를 가진 도드리장단으로 구성하였다. 김나연은 이전의 봉산탈춤 반주 음악 양식과 현재의 양식 모두를 수용하며 전승하고 있다.

6 김나연 구술채록(2019년 6월 22일).
7 송정숙 구술채록(2021년 8월 20일).
8 최경만은 서울특별시 무형문화재 제44호 삼현육각(피리) 예능보유자이다.

2. 장단의 구성

민천식 화관무 음악은 두 대의 피리가 주선율로 초기 장단 구성은 봉산탈춤의 염불 도드리 ≫ 타령 ≫ 굿거리 ≫ 도드리 장단의 피리 가락으로 진행되었다. 점차 무대화 과정을 거치며 김나연의 복원과정에서 지금의 피리 가락으로 완성 된 도드리 ≫ 타령 ≫ 굿거리 ≫ 도드리 장단으로 구성되었다. 춤의 구성에 따라 피리의 선율이 반복되기도 하며 장단의 변화 속에서도 피리 선율은 유사한 구성형식을 갖는다.

1) 도드리장단

되돌아간다는 뜻의 도드리장단은 6박을 한 장단으로 연주하며 대개 3소박의 보통 빠르기로 6박자이고 서양음악 식으로 표기하게 되면 8분의 18박자로 연주한다, 보통 빠르기인 8분의 18박자 또는 4분의 6박자로, 삼현육각(三絃六角)의 「긴염불」에서는 느린 8분의 18박자, 「염불도드리」·「반염불」에서는 빠른 8분의 18박자, 「자진삼현도드리」·「볶는염불」에서는 빠른 8분의 18박자 혹은 4분의 6박자로 활용된다. 도드리장단의 음악은 장중한 느낌을 주며 정악을 비롯한 민속에 두루 사용되고 있는 장단이다. 삼현육각의 삼현도드리는 처용무, 포구락들의 궁중무용과 경기도지역의 무속무에도 널리 쓰이는 장단이다. 삼현육각에 의한 「삼현도드리」는 「처용무(處容舞)」·「포구락(抛毬樂)」·「가인전목단(佳人剪牧丹)」과 같은 궁중무용과 경기도 무속무용의 반주에도 쓰인다.[9]

---

9 한국민족문화대백과사전 편찬부(1991), 『한국민족문화대백과사전·6』, 한국정신문

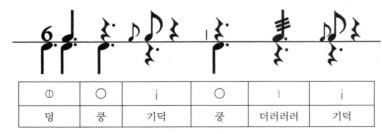

⦶	○	┆	○	⦙	┆
덩	쿵	기덕	쿵	더러러러	기덕

[도드리장단]

악곡에 따라서 조금씩 장구를 치는 방법이 변형되기도 하지만 도드리장단은 보통 빠르기의 6박자 장단으로 강령탈춤, 봉산탈춤 등의 가면극에서는 염불장단 또는 염불도드리장단이라 한다. 민천식 화관무 초기 음악은 봉산, 강령탈춤의 반주인 염불도드리장단과 유사한 음의 구성을 한 양식으로 연주되었고 후에 지금의 도드리장단 반주형태가 구성되었다. 같은 장단이나 민천식 화관무 반주 음악의 음계 구성으로 정리하며 염불도드리와 도드리장단을 설명하였다. 민천식 화관무의 도드리장단은 무원(舞員)의 등장과 더불어 춤의 시작을 알리고 춤의 종결을 알리는 장단이다. 열을 맞추어 등장하는 무원의 움직임은 6박자에 발디딤 하나를 옮겨놓는 형식으로 디딤에 무게를 실어 장중하게 움직여야 하며 춤의 시작과 끝을 알리는 절을 하는 부분에서 무자(舞者)가 여유 있는 움직임을 할 수 있도록 구성된 장단으로 이해된다.

화연구원, p.783.

2) 타령장단

3 소박 4 보통 박의 구조인 타령장단은 반주 음악의 형식에 따라 그 빠르기가 변형되기도 한다. 정악과 민속악 등에 폭넓게 사용되는 타령장단은 성악곡보다 기악곡에 많이 활용되며[10] 삼현육각을 비롯한 행악, 민요, 무가에 이르기까지 폭넓게 쓰이는 장단이다. 느린 속도의 3분 박에서 빠른 4박자에 이르는 8분의 12박자인 타령장단은 궁중 정재에서는 늦은 타령이 주로 쓰이고 서도와 경기도의 굿 춤, 탈춤, 줄타기 등에는 경쾌한 장단의 볶는 타령장단을 사용하며[11] 전통음악에서 다양하게 활용된다. 성악곡보다는 순수 기악곡 연주에 주로 사용되며 궁중 정재(呈才)와 민속춤, 연희 등의 반주 음악으로 사용된다.[12]

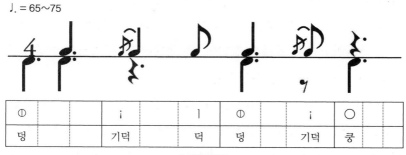

[타령장단]

---

10 국립민속박물관(2016), 『한국민속예술사전』, pp.304~305.

11 한국민족문화대백과사전 편찬부(1991), 『한국민족문화대백과사전·22』, 한국정신문화연구원, p.856.

12 국립민속박물관(2016), 『한국민속예술사전』, p.304.

민천식 화관무에서 타령장단 부분은 본격적으로 춤사위가 시작되는 장단이다. 타령장단의 춤사위 구성은 대부분 궁중 정재 형식의 고요하고 우아하며 정적인 춤사위로 좌·우 또는 전·후로의 이동과 춤사위의 진행이 반복되는 규칙적인 양상을 보인다.

3) 굿거리장단

굿거리장단은 민속 기악곡, 성악곡 등에 주로 쓰이는 반주 장단으로 굿 음악에서 사용되기 시작하여 '굿거리장단'으로 불리게 되었다. 현재 민속악 전반에 걸쳐 가장 광범위하게 사용되는 장단으로 연주되는 음악 형식에 따라 다양한 방법으로 변주되며 활용이 된다.[13] 굿거리장단은 굿 장단의 가장 보편적인 장단이다. 무악 중 서울 굿에 한정되어있는 장단으로 서울 지역의 굿거리장단을 하나의 형식으로 묶을 수 있는 장단에 이르기까지 그 범위를 확장할 수 있다. 우리 농악에서도 굿거리장단과 유사한 장단이 더 존재하며, 판소리의 중중모리 등도 비교 거리를 제공하는 장단이다.[14]

민천식 화관무에서 굿거리장단은 우리 전통춤의 민속적 형식의 춤사위가 주로 표현되는 부분이다. 무원들이 원 구도를 이루며 대형을 변화하는 움직임이 중심이 되는 부분으로 화관무 춤사위의 핵심인 원으로 진을 이루는 움직임 양식이다. 특히 민천식 화관무의 절정인 이 부분의 춤사위는 양손 연풍대와 외손 연풍대, 잦은걸음과 화려한 한

---

13 국립민속박물관(2016), 『한국민속예술사전』, p.54.
14 국립민속박물관(2009), 『한국민속대백과사전』, 한국민속신앙사전·무속신앙편, p.103.

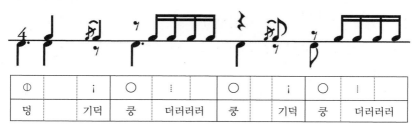

[굿거리장단]

삼의 뿌림 등 활달하고 역동적인 춤사위의 구성을 이루며 규칙성이
강조된 타령장단의 춤사위와는 형식적 대조를 이룬다. 또한 원으로
진을 치는 구도가 민천식 화관무 무도 공간 구성에서 기원적 의미를
강조하는 부분으로 춤의 상징성이 굿거리장단을 통해 표현되어 진다.

  민천식 화관무는 장단의 변화에 따라 춤의 구성형식이 확연히 달라
진다. 본격적으로 춤사위가 시작되는 타령장단은 한삼을 활용한 춤사
위, 무원의 움직임과 이동범위, 무도 공간의 구성까지 대부분 절제된
궁중의 형식을 따른 것으로 보인다. 이어지는 굿거리장단은 민속의
양상으로 표현되어 활달한 한삼의 뿌림과 더불어 자유로운 움직임이
강조된다. 춤의 구조 분석에 있어 궁중과 민속의 교합 양상을 장단의
변화로 인식할 수 있는 것이다.

  쌍피리의 연주가 특징인 민천식 화관무의 음악은 해서지방을 대표하
는 서도 풍류 곡을 기반으로 특히 강조되는 두 대의 향피리 연주의
선율은 전반적으로 높은 음역의 곡이 연주된다. 민천식 화관무 음악
역시 악기의 구성상 장단보다는 음률이 주가 되고 이에 강조되는 두

대의 피리 음색은 전체적인 분위기를 밝게 하므로 곡 전체가 양의 기운을 가지게 된다. 그러므로 태평성대와 국가의 번영을 기원하는 춤의 의미가 부합되어 전반적으로 밝고 활기찬 기운을 추구한다는 해석이 설득력 있다.

5장

민천식 화관무의 복색

민천식 화관무 무복(舞服)의 구성은 노랑색 삼회장저고리와 홍색 치마 위에 황색 몽두리를 입고 가슴에 홍띠를 맨다. 머리에는 오색구슬로 장식한 화려한 화관을 쓰고 금색의 길이가 긴 용잠 비녀를 꽂는다. 긴 비녀에는 진주장식이 달린 드림 댕기를 감아 드리우고 큰 댕기를 화관부터 연결하여 머리 뒤로 길게 늘어뜨린다. 초기 무복의 형태는 소매 끝단에 색동을 단 황색이나 연두색의 몽두리(蒙頭里)의 형식이었으나 본격적으로 춤을 무대화하는 과정에서 소매의 폭이 확장되는 등 그 형식이 화려해지며 점차 원삼의 장식요소를 따르게 된 것이다.

몽두리는 조선 시대 여기나 무당들이 입던 무의(巫衣)로 몽두의(蒙頭衣)라고도 한다.[1] 예로부터 무복(巫服)은 궁중의 예복으로부터 비롯되었

---

1 한국민족문화대백과사전 편찬부(1991), 『한국민족문화대백과사전·8』, 한국정신문화연구원, p.93.

다. 굿은 종류에 따라 신의 상징성을 내포하고 있기에 평복의 형식과는
다른 예복류의 형태와 유사한 형식을 갖는다. 굿 자체가 공연예술로서
의 기능성을 부가하기 때문에 시각적 효과로 장식적 요소와 상징성을
배제할 수 없으므로 무복(巫服)은 궁중 예복과 궁중 여령(女伶)의 정재복
(呈才服)을 기본 복식구조로 하고 있는 것이다.[2] 민천식 화관무의 복식
은 조선 말기 궁중의 춤과 교류되며 궁중형식의 무복(舞服)으로 정리되
었다. 근대화를 거치며 극장 무대의 공연을 위한 장식적 요소를 가미하
여 변화하였고 김나연에 의해 지금의 복색으로 완성되었다.

민천식 화관무 복색의 특징은 색동을 강조한 소매에 있다. 초기 해
주 권번에서는 연두색 몽두리에 색동을 달아 공연하였는데 이는 조선
시대 궁중 무복으로 활용되던 황색 몽두리를 민가에 어울리는 형식으
로 변형하였던 것으로 민천식에 의해 전승된 봉산탈춤 소무의 의상과
유사한 형식이다.[3] 1기 봉산탈춤 소무의 무복은 저고리와 치마 위에
쾌자를 덧입는 양식이었으나 한국전쟁 이후 봉산탈춤 연희 복원과정
에서 화관무와 유사한 양식의 원삼으로 착용 되었다.[4] 화관과 한삼의
활용 또한 유사하다. 민천식은 권번 기녀들의 복식을 봉산탈춤에 반
영하여 기녀들에 의해 연행되던 우리 춤의 양식을 보이고자 했던 것이
아닌가 생각해 본다. 민천식은 극장 무대를 위한 공연형식에 맞추어
화관무 춤사위의 화려함을 강조하기 위해 황색 원삼에 색동을 달아

---

2   국립민속박물관(2009), 『한국민속대백과사전 한국민속신앙사전』, pp.283~284.

3   김나연 구술채록(2019년 6월 22일).

4   김초영(2019), 「본 산대놀이 계통 가면극(假面劇) 복식 연구」, 전남대학교대학원 박
    사학위논문 pp.151~153.

더욱 화려한 무복으로 완성하였다.

민천식 화관무의 무복 중 가장 큰 특징은 한삼과 화관에 있다. 먼저 한삼은 폭이 좁은 탈춤의 한삼과 길이가 짧은 궁중형식 한삼의 형태가 공존하며 화관은 검은색 관 형식의 틀에 꽃이 아닌 오색구슬로 장식된 것으로 조선 말기 화관의 형태를 유지하고 있다. 김나연은 화려한 춤사위 표현의 극대화를 위한 복색의 변형보다 스승 민천식의 고유양식을 유지하기 위해 소박한 원형 양식을 고수하며 전승하고 있다.

1. 한복과 몽두리

민천식 화관무의 무복은 홍치마에 노랑이나 연두의 삼회장 또는 반회장 저고리의 한복을 입고 그 위에 원삼의 황색 몽두리를 입는다. 민천식의 화관무가 해주지역 권번 기녀들에 의해 연행될 당시 연두색 삼회장저고리에 홍치마를 입고 그 위에 황색이나 연두색의 몽두리를 착용하였는데[5], 남한에 정착하여 무대화하는 과정에서 소매에 색동을 단 황색 몽두리를 주로 착용하였다. 몽두리 안에 격식을 갖추어 입는 한복은 노랑이나 연두색의 삼회장 또는 반회장저고리로 고름과 깃은 자주색이고 소매 끝동은 자주색 또는 흰색을 단다. 치마는 남색 속치마를 입고 그 위에 다홍색 겉치마를 입는다.

김나연과 김정순은 1950년대 당시에는 의상을 좋은 원단으로 만들

---

5 양종승(2014), 『우리춤 담론』, 민속원, p.80. / 김정순·김나연 고증.

기도 어려웠고 금박을 물린다는 것은 더욱 힘들었기에 다홍색 민무늬의 통치마를 입었다고 말한다. 김나연은 화관무를 재현하는 과정에서 과하지 않은 화려함을 더하기 위해 치마의 끝단에 반원의 금박을 찍어 시대를 반영했다. 민천식 화관무의 의상은 공연의 극장 무대화와 함께 몽두리의 소매를 넓히고 색동을 어깨까지 물리는 등 그 형태가 점차 화려해지면서 원삼과 활옷의 형태로 변화되었다.

궁중의 여기(女妓)들이 정재(呈才)를 출 때나 무당이 굿판에서 입던 무의인 황색 몽두리는 짧고 좁은 소매와 넓은 무[6]가 특징이다. 여기들은 몽두리 소매 끝동에 오색 한삼을 달고, 어깨와 깃 주위로 수를 놓았으며, 가슴에 수대(繡帶)를 띠고 화관을 머리에 쓰고 연행을 했다.[7] 홍장삼(紅長衫)에서 유래한 자수가 놓인 복식인 활옷은 당시 신부 혼례복으로 활용되었는데, 조선 중기 이후부터 그 양식이 점차 변화되었다.

활옷은 외명부 1품의 궁중 여성 혼례복이었으나 민간여성의 혼례복으로도 착용이 허용되는 등 당시 민간 복식 활용사례들이 기록되고 있다.[8] 원삼은 활옷과 같이 조선시대 왕실과 양반가의 예복이다. 서민들에게는 신부의 혼례복으로, 왕실과 민가에서는 여인의 일반적인 예복으로 통용되었다. 또한 무당들의 무복(巫服)과 궁중 여기(女妓)들의 연회(宴會) 의상으로도 착용되었다. 『가례도감의궤(嘉禮都監儀軌)』, 『궁중발기(宮中件記)』 등의 문헌 기록을 살펴보면 조선 말기 후반부터는

---

6 윗옷의 양쪽 겨드랑이 아래에 대는 딴 폭을 말한다.
7 국립민속박물관(2017), 『한국의식주생활사전』, p.255.
8 한국민속대백과사전 참조.

노의(露衣), 장삼(長衫) 등의 여자 예복이 원삼으로 통일되었다. 궁중의 례용 원삼은 옷의 길이가 길고 소매가 넓으며 금박의 화려한 장식으로 품격을 높였으며 민가에서 활용된 원삼은 여러 줄의 색동을 넓게 장식함으로 화려함을 강조하였다.

이렇듯 원삼의 활용이 점차 확대되면서 각 지역의 특색을 더해 더욱 다양하게 변모되었다. 특히 개성 지방의 원삼은 넓은 선 장식을 겉에 두르기도 하였다. 17세기 후반에 완성된 지금의 원삼 형태는 맞깃이며 넓은 소매 끝에는 색동을 달았다. 이후 원삼은 더욱 화려한 모양새로 변화하였고 권번 조직의 여기들은 극장식 무대의 공연을 위해 무대화된 지금의 형식을 갖추기 시작하였다.[9]

당시 황해도 개성지역의 신부 혼례복이 대체로 연두 회장저고리에 홍치마, 초록 활옷의 구성으로 기록되어 있는 것을 확인할 수 있다. 화관무와 더불어 봉산탈춤을 복원한 민천식은 소무의 의상에서도 화관무와 유사한 홍치마에 노랑 삼회장저고리, 연두색 색동몽두리를 입혀 해주 권번 기녀들의 의상을 투영시켰다. 특히 소무의 의상이 타 산대놀이와는 다르게 무용복의 의상을 하고 있는데, 이는 민천식이 화관무와 더불어 봉산탈춤을 남한사회에 정착시키는 과정에서 지역적 특색을 강조하기 위해 황해도지역의 복색을 기반으로 봉산탈춤의 의상을 재현한 것이라고 추정할 수 있다.[10]

조선 말기까지 연두색 색동몽두리를 입고 연행하던 민천식의 화관

---

9 한국민속대백과사전 참조.
10 김초영(2019), 앞의 논문, pp.151~153.

봉산탈춤 소무의 의상
(국립민속박물관 소장)

조선 후기 황해도 개성의 혼례복

[민천식 화관무 의복의 기초]

무는 권번 여기들의 공연형식이 무대화되면서 춤 형식의 변화와 함께 의상 또한 황색의 원삼 형식으로 변모되었다. 민천식 화관무의 복색은 이 시기에 현재 공연 복색의 틀을 갖춘 것으로, 황색 몽두리 소매에 달린 오색 색동은 홍띠, 홍치마와 어울려 더욱 화려하게 돋보인다. 민천식 화관무의 무복에서 색이 주는 의미는 노랑과 다홍이 주가 되어 양의 기운을 표현한다면 청색의 속치마는 양의 기운을 더욱 북돋우기 위한 의미로 음의 기운을 입힘을 뜻한다. 특히 한눈에 들어오는 어깨로부터 이어지며 확장된 소매의 굵은 띠 형식 색동은 화려함의 극대화와 더불어 색동이 지닌 전통사상의 의미인 길상(吉相)과 안녕(安寧)의 염원을 전달하려는 뜻이 표현된 것이다.

2. 한삼

한삼은 본래 웃어른에게 예(禮)를 갖추는 의미에서 손을 가리기 위한 용도로 만들어진 것이다. 한삼의 폭은 대부분 30~50㎝로 원삼을 입을 경우는 홑겹으로, 활옷에는 겹으로 된 한삼을 착용하였다.[11] 한삼은 궁중무용만이 아닌 민속무용에서도 광범위하게 사용되었는데 이는 춤 사위를 더욱 화려하게 표현하기 위한 하나의 도구로 사용된 것이다.

우리 전통춤의 특성은 인간 감성에 내재 된 한과 흥을 풀어내고 태평 성대를 기원하며 공동체적 염원을 성취하는데 그 의미를 두고 있다. 이러한 우리 춤만의 의미를 효과적으로 확장하여 표현하기 위한 수단 으로 활용된 한삼은 우리 전통 춤사위가 가진 곡선의 우아함을 살리고 더욱 화려하게 표현하며 춤사위의 시각적인 효과를 극대화하는 무구(舞 具)이다. 한삼은 우리 춤 중에서 상체 춤사위의 변화를 도모하고 과장을 극대화한다. 특히 궁중정재에서는 격식 있는 춤사위를 우아하게 표현 하기 위한 중요한 복식 구성의 하나이다.[12] 오늘날 무대화된 전통춤에 서는 춤사위의 화려함을 강조하고 움직임의 범위를 더욱 확장하여 역 동적인 표현을 하기 위한 하나의 방편으로 한삼의 길이와 폭을 확대하 여 사용하기도 한다. 그러나 김나연에 의해 전승된 민천식의 화관무에 서는 폭이 좁고 길이가 짧은 과거 한삼의 크기를 고수하며 색상 또한

---

11 한국정신문화연구원, 『한국민족문화대백과』, p.230.

12 김은정·임린(2009), 『역사속의 우리 옷 변천사』, 전남대학교 출판부, p.170; 박은미 (2010), 「한삼에 관한 고찰-궁중정재에 나타난 한삼의 의미」, 대진대학교대학원 석 사학위논문, pp.29~31. 재인용.

전통의 색인 색동에 기반한 오색 한삼을 사용하고 있다.[13]

우리의 전통색인 색동의 7가지 색 중 다섯 가지의 빛깔을 조합한 오색한삼(五色汗衫)은 흰색의 바탕 위에 황색·청색·백색·적색·분홍의 띠를 이어가는 모양으로 궁중정재에서 쓰이는 황(黃)·청(靑)·백(白)·적(赤)·흑(黑)의 오방색과는 조금 다르다. 이는 춤의 양식은 궁중의 형식에 근본을 두고 있으나 춤의 발생지역이 해주지역에서 비롯되었으며 연희의 주체가 기녀들이었기에 민가의 형식인 색동을 달았을 것으로 판단된다. 민천식 화관무의 한삼에 배색 된 색동은 한국의 전통색채로 그 의미는 앞서 거론했듯이 음과 양의 기운이 생겨나 천지(天地)를 이루고 다시 음양의 기운은 목(木)·화(火)·토(土)·금(金)·수(水)의 오행을 생성한다는 음양오행 사상이 기초가 된다. 이러한 사상적 의미를 지닌 우리 전통 색을 조화롭게 배합한 민천식 화관무의 오색 한삼은, 한삼 하나에도 온화한 기(氣)의 흐름과 더불어 화평과 행운을 담아 화려하게 춤으로 풀어내려는 민족의 염원까지 함께 내포하고 있다.

3. 화관

예로부터 머리는 인간의 신체 중 가장 중요한 부분으로 인식되었다. 머리를 보호하는 머리카락 또한 인간의 생명과 대등한 가치로 인정되어 숭상의 대상이었으며, 남녀를 불문하고 머리카락을 귀하게 여기며

---

13 차지언(2017), 「황해도 화관무를 활용한 초등무용교육 프로그램 개발」, 춘천교육대학교교육대학원 석사학위논문, p.17. 재정리.

길게 기르는 풍습은 오랜 세월 지속 되었다. 이러한 풍습은 머리카락을 단정히 하고 아름다움을 목적으로 더욱 화려하게 장식하기 위해 다양한 장신구와 관모의 발달을 가져왔다. 실용의 목적으로 시작된 수식(首飾)은 시대의 흐름에 따라 사회적 의미가 확대된 것이다.[14]

고대 기원적 의미로서 머리 장식은 신을 영접하고 집단적 의식에서 자기과시의 목적으로 발생하였다. 또한 그 화려함을 더하기 위한 장식으로 자연의 산물 중에서 쉽게 취할 수 있는 나뭇잎이나 나뭇가지 등을 활용하기도 하였는데, 그중에서 가장 아름답고 화려한 꽃을 택하여 장식하였다. 이렇듯 자연발생적으로 나타난 꽃으로 머리를 장식하는 풍습은 아름다움을 추구하고자 하는 인간의 욕구에서 발현된 것이다. 이는 동서양을 막론하고 모든 인류에서 나타난 현상인 것이다.[15] 꽃장식의 머리 모양은 점차 관모의 형식으로 틀을 만들기 시작했고, 이것이 화관의 시원(始原)이 되었다.

관(冠) 형태의 화관을 처음 사용한 시기는 신라 문무왕(文武王, 재위 661~681) 때이다. 통일신라시대에는 궁중양식으로 자리잡아 궁중 내연에서 기녀나 동기(童妓), 무녀(巫女), 여령(女伶) 등이 화관을 썼는데, 그 모양은 각기 달리하였다. 화관은 오색구슬로 화려하게 꽃 모양을 꾸미거나 나비를 달기도 하고 칠보로 장식하며 그 형태를 갖추었고, 활옷이나 당의(唐衣)를 입을 때 예장용(禮裝用) 장신구로 사용했다.[16] 조선시대

---

14 김지연(2008), 앞의 논문, p.1.

15 홍나영(2000), 「화관(花冠)에 관한 연구」, *Journal of Korean Society of Costume* 50(3), p.32.

16 류은주(2003), 『모발학 사전』, 광문각, p.743.

에 화관(花冠)은 대궐에서 의식이나 경사가 있을 때, 양반가에서는 혼례나 경사에 대례복(大禮服) 또는 소례복(小禮服)에 병용하였다.

앞에서 언급했듯이 당나라 시대에 성행했던 머리 장식인 화관은 신라를 통해 받아들여졌고 동시대의 국가들은 화관의 유행과 함께 의식이나 연행의 장신구로 화관을 활용하였다. 종교의식에서 쓰던 화관은 통일신라시대부터 궁중에서도 사용되기 시작하였고, 고려시대에 이르러서는 귀족과 양반계급의 부녀자들이 예복과 함께 꽃 관을 써서 화려함을 더하는 상징적 장식품으로 널리 사용되었다.[17], 조선시대의 화관은 여인들의 대표적인 예관으로 오늘날에 이르기까지 혼례식 신부의 전통복식에서도 사용되고 있다.[18]

중국의 화관이 고대 인류의 자연숭배 사상에서 나온 세시풍습에 유래한다는 것과 같이 우리나라 또한 이러한 문화적 배경과 연관이 있을 것으로 판단된다. 특히 조선시대에 상류층에서는 중국 복식의 영향으로 명대명부(明代命婦)의 화관이 유입되었을 가능성도 있으며, 그 형태가 생화나 조화를 조화롭게 꽂아서 만든 화관 이외에도 꽃 모양으로 관을 만들거나 혹은 꽃을 그리기도 하고 각종 보석류로 화려하게 장식하는 등 다양한 형태의 화관이 존재했던 것으로 보인다.[19]

조선시대에는 부녀자들 간에 가체(加髢)가 성행하게 되면서 그 사치가 극에 달하여 그로 인한 폐해가 극심해지기도 했다. 영조와 정조는

---

17 차지언(2017), 앞의 논문, p.16. 재정리.
18 김지연(2008), 앞의 논문, p.138.
19 류은주(2003), 『모발학 사전』, 광문각, p.743.

이를 시정하기 위한 하나의 방편으로 부녀자의 머리 모양을 쪽 머리로 개선하도록 했고, 의례에서의 예관(禮冠)은 가체의 사용을 금지하고 족두리와 화관의 사용을 권장하였다.[20] 조선시대 궁중 교방 무기(舞妓)의 활동이 가장 활발했던 연산군(재위 1494~1506) 11년(1505) 1월의 다음과 같은 기록으로 볼 때 궁중에서 무기들이 쓰는 화관이 궁에서 직접 제작되었을 가능성이 있다.

"악인(樂人)이 수화(首花)를 직접 머리에 꽂은 것은 매우 보기 싫으니, 관(冠)을 만들되 그 위쪽을 트이게 하여 얹은머리가 드러날 수 있게 하고, 꽃을 그 관에 꽂으면 보기 좋을 것이다. 이런 모양의 관을 만들어서 들이라."

이렇듯 연산군 시기에는 연일 벌이는 궁궐연회로 생화(生花)의 소비량이 대단히 많았던 것으로 알려져 있다. 생화뿐 아니라 궁에 조화를 만드는 장인을 두고 조화를 무기(舞鼓)의 머리 장식에 사용하여 그 화려함이 고조되었다. 헌종 14년(1848)에는 궁중무기의 화관 형태가 화병에 꽃을 꽂아놓은 것 같은 모양의 큰 화관에서 족두리와 같이 여섯 모가 나있는 형태로 바뀌었고, 이후로는 양관(梁冠)[21]형의 화관으로 변형되었다.[22]

---

20 양진숙(2005), 『옛 조상들의 모자이야기 조선시대 관모사전』, 화산문화, pp.107~110.
21 양관은 조선시대에 백관(百官)들이 조복(朝服)이나 제복(祭服)에 착용하던 관모(冠帽)를 말한다.
22 김지연(2008), 앞의 논문, pp.153~154.

　조선 말기 고종황제, 순종황제 때 왕족 여인들의 사진을 보면 당의 차림에 화관을 쓴 모습을 하고 있으며 민가의 혼례복에도 널리 사용되었다. 이렇듯 화관은 예복의 장신구로 일반화되었으며 예기들 무복에도 빠질 수 없는 장신구로 활용된 것이다. 민천식 화관무의 화관은 조선 시대 말기의 양식인 검은색 족두리 형식의 관모에 화려하게 꽃이나 구슬로 장식한 양식이다. 일제강점기 조선총독부의 조선풍속조사 보고서의 혼례풍속 기록을 살펴보면 '겹족도리에 각종 패물을 얹은 것'[23]으로 기록되어 있으며 의례용과 무기용으로 구분되어 조선시대 대표적 예관으로 통용되었다.

　민천식 화관무에서 화관이 주는 의미는 춤의 전통성을 입증하는 하나의 상징이다. 국가의 탄생에서 민족의 영속성을 염원하며 행하는 집단무에서 영적 존재와의 소통을 위해 머리를 꽃으로 장식한 것은 화관무의 시원으로 의식무로서 화관무의 중심 의미인 것이다. 이로 인해 화관무의 발생을 세시풍속의 의식무에서 꽃으로 머리를 장식하고 추는 춤으로 정리하며 관의 형태를 갖추어 무복의 장식적 요소로 활용되며 전승된 시대적 전개로 그 역사를 함께한다. 민천식 화관무로서 춤의 양식을 완성한 일제강점기의 춤의 양식은 화관이 주는 상징적 의미를 춤에 투영하여 강조한 것에 있으며 예의 체계를 갖추는 무복의 완성으로 화관을 활용한 것이다.

23　문옥표(2000), 『조선시대 관혼상제 1. 관례. 혼례식』, 한국학중앙연구원, pp.177~180; 김지연(2008), 앞의 논문, p.119.

4. 비녀

비녀는 부녀자들이 곱게 빗어 올린 머리가 풀어지지 않도록 고정하는 역할을 하는 장신구이다. 삼국시대부터 얹은머리, 쪽을 진 머리 등으로 여성의 머리 모양이 다양해지며 머리카락을 정돈하고 유지할 수 있는 도구로 사용된 비녀는 조선시대 후기에 이르기까지 다양한 형태로 발전되었다.[24] 조선 중기에는 가체를 사용한 얹은머리가 유행하였는데 이때 본 머리에 얹는 머리를 고정하기 위한 용도로 비녀가 사용되었고, 궁중의례에서의 머리 모양인 큰머리(巨頭味, 떠구지머리)[25]와 대수(大首)[26], 궁중 및 양반 집안의 예장용 어여머리 등에도 가체를 고정하기 위해 비녀를 사용하였다.[27] 순조 중엽에는 쪽을 진 머리가 일반화되면서 얹은머리의 가체에 치중했던 사치풍조가 비녀로 옮겨지며 종류는 다양해지고 기교 또한 발달하여 당시 공예미술을 대표하기도 하였다.[28]

비녀의 잠두는 길상의 상징으로 장수와 부귀영화, 다산의 기원적 의미를 담고 있으며, 무속에서는 마을의 풍년과 풍어, 가정의 안녕을 비녀 신을 통해 빌어준다는 뜻을 내포하고 있다. 비녀의 명칭은 봉황

---

24 두산동아백과사전연구소(1999), 『두산대백과사전·13』, 두산동아, p.381.
25 궁중 예장용 머리모양으로 모발이나 목제로 만든 큰머리 틀을 쪽머리 또는 어여머리 위에 얹고 떠구지 비녀, 선봉잠, 옥입잠, 댕기 등으로 장식한 머리이다.
26 왕비가 대례복 착용 시의 머리 모양으로 아래로 갈수록 넓어지는 삼각형 형태를 이루고 있다.
27 김영숙 편저(1999), 『한국복식문화사전』, 미술문화, pp.217~218.
28 국립민속박물관(2017), 『한국 의식주 생활사전(의생활편)』, 도서출판 평사리, pp.311~312.

잠·용잠·원앙잠과 매죽잠·모란잠·석류잠·국화잠 등 잠두(簪頭)의 모양에 따라 달리하였으며 조선시대에는 용잠 비녀는 왕비가, 봉황잠은 왕세자비만 꽂을 수 있었다. 특히 민천식 화관무에서 머리장식으로 사용하는 용잠비녀는 사대부가의 혼례식 등 각종 의식에 한정되어 사용 가능했고, 서민층에서는 혼례식에만 허락되었다.[29]

용은 동물의 뛰어난 능력을 하나로 하여 실존 동물과 인간의 상상력에서 발현된 상징적 동물이다. 인간은 소원 성취를 기원하며 용의 신비한 능력에 의지하기도 하였으며, 궁중에서는 왕의 권위를 상징하며 여러 장식과 문양으로 활용하기도 하였다. 무속에서는 용을 물을 다스리는 신으로 섬기며 풍요와 안전을 기원하였고 민가에서는 용의 그림을 붙임으로써 용의 능력을 빌려 잡귀신을 물리칠 수 있다고 생각하였다. 이렇듯 용은 만물 조화의 재주를 가진 영물이며 권위를 상징하고 벽사(辟邪)와 수호(守護)의 능력을 지닌 신비롭고 영험한 동물로서 예로부터 우리 생활과 밀접하게 관계하고 있었다. 용잠비녀는 궁중에서는 예장과 일상용으로, 민간 부녀자들에게는 혼례용으로 폭넓게 활용되었다.[30]

민천식 화관무에 사용되는 용잠 비녀가 조선 시대 혼례복 장신구로 널리 사용됨을 볼 때 용의 영험한 능력인 벽사와 수호의 기운을 담아 당시 화관무가 연희 되었을 것으로 사료(思料)된다.

---

29 허동화(2006), 『우리가 정말 알아야 할 우리 규방 문화』, 현암사.
30 허균(1995), 『전통 문양』, 대원사. pp.30~33; 오선희(2008), 「조선 시대 여자 비녀에 관한 연구」, 이화여자대학교대학원 석사학위논문, p.69. 재인용.

5. 댕기

『증보문헌비고』에는 단군 원년에 "나라 사람들에게 머리를 땋고 개수하는 법을 가르쳤다"라고 기록되어 있다. 이를 통해 삼국시대 이전부터 머리를 빗어 정리하는 장식으로 댕기의 사용이 일반화되었음을 알 수 있다. 또한 고려시대에 남아있는 댕기의 소재와 색채에 대한 구체적 기록들에서 남녀를 불문하고 모두 댕기를 사용하였음을 알 수 있다. 조선시대에는 여성의 머리 모양이 더욱 다양해지고 화려해지면서 댕기의 사용이 점차 증가하였고 그 종류 또한 다양해졌다. 그러나 고종 32년(1895) 단발령의 시행으로 여성의 머리의 모양은 서구식으로 급속히 변화되었고 그 후 댕기는 점차 사라지게 되었다.[31]

조선시대에 널리 이용된 유일한 직물 소재 머리장식 댕기는 주로 비단으로 제작하여 그 위에 금박을 찍거나 진주 등의 보석으로 장식하기도 하고 용도에 따라 색과 모양을 서로 달리했다. 댕기를 용도와 꾸밈에 따라 구분해 보면 예장용으로 떠구지댕기·도투락댕기·쪽댕기·제비부리댕기·말뚝댕기 등이, 궁녀용으로는 네가닥댕기·팥잎댕기 등이 있으며 앞댕기·뒷댕기·큰댕기 등으로도 분류하였다.[32] 그중에서 큰댕기는 머리 뒤쪽으로 길게 늘어뜨리는 궁중이나 양반집 신부의 예장용 댕기이다. 짙은 자줏빛 견직물로 만들어 장식하는 댕기로 뒷댕기 또는 주렴(朱簾)이라고도 한다. 북서지방의 혼례 복식에 사용되었다는 고이댕기 또

---

31 국립민속박물관(2017), 『한국 의식주 생활 사전 의생활 편』, 도서출판 평사리, pp.179
    ~180.
32 김영숙(1998), 『한국복식문화사전』, 도서출판 미술문화, p.131.

한 큰댕기의 일종이다. 큰댕기는 각 지역에 따라 각기 다른 특징을 가지
는데 경기지방은 화려한 금박 장식을, 남쪽이나 북쪽 지방은 비단 색실
장식과 더불어 칠보로 만든 꽃을 댕기 둘레에 돌려 붙이는 화려한 장식
을 하기도 하였다.[33] 앞댕기는 큰댕기와 함께 사용하는 댕기로 5cm 내외
넓이의 직물에 금박을 찍고 진주나 산호주 등으로 양 끝을 장식하여
길이가 긴 비녀의 양쪽 끝에 감아 어깨 위로 늘어뜨린다.[34]

　민천식 화관무에서는 큰댕기와 앞댕기로 머리 장식을 하는데 큰댕
기는 화관에 매어 머리 뒤로 길게 늘어뜨리고 앞댕기를 용잠 긴 비녀
에 감아 양쪽 어깨에 드리운다. 특히 민천식 화관무의 큰댕기와 앞댕
기는 붉은색 견직물에 금박을 물린다. 이는 양의 기운을 의미하는 붉
은색은 자손번영의 의미로 땅의 기운인 몽두리의 황색과 어울려 태평
성대와 민족번영의 의미를 담고있는 것이다. 또한 예복의 형식을 갖
춤으로 격식을 차려 상대를 대하고 품격을 높이는 공연의 형태를 완성
하려는 의미로 본다.

　민천식의 화관무 의상에는 색동의 일곱 가지 색 중 오색이 주를 이룬
다. 색동은 본래 우리 전통의복에 주로 사용되었는데 아기들의 돌 저고
리와 까치두루마기, 마고자 등에 사용(使用)되었고 원삼(圓衫)이나 화의
(華衣), 무복(巫服)과 굴레, 소무복(小巫服) 등에 사용되었다. 색동에 사
용되는 색상의 배열(配列)은 주로 음양오행설에 의한 상생(相生)을 근거
로 나열(羅列)되었으며 색동저고리에 사용된 7가지의 색은 흰색·청색·

---

33 박정자, 조성옥 외 6인(2010), 『역사로 본 전통 머리』, 광문각.

34 김영숙·김명숙(1998), 『한국 복식사』, 청주대학교 출판부, pp.225~227.

머리장식	화관	용잠 비녀와 앞 댕기	큰 댕기
무복과한삼	한삼	원삼	한복

[민천식 화관무의 무복[35]]

분홍·초록·자주·빨강·노랑 등이며, 이 중 노랑·빨강·흰색·청색·분홍·초록은 색동마다 공통(共通)으로 쓰이는 색이다.[36]

색동이 가진 의미는 단순히 색채를 말하는 것이 아니라, 오랜 세월 민족과 함께한 전통의 빛이며 한국 민족 정서의 원동력으로 그 기상을 상징한다. 색동은 가장 한국적인 색인 동시에 범(汎) 세계적인 우리의 정신으로 액운을 막고 무병장수를 기원하는 의미와 서로의 복락(福樂)

---

35 차지언(2017), 앞의 논문, p.17. 재구성.
36 박상의(1978), 「색동에 對한 研究」, 이화여자대학교 석사학위논문, pp.6~7.

과 상생, 화합을 희원(希願)하는 상징적 의미를 내포하고 있다. 특히 백색을 숭상하는 우리 민족의 전통적 관습 속에 백색과 비교하여 볼 때 대단히 화려하고 경쾌하며 역동성이 있는 색동은 낙천적인 민족성을 가진 우리 민족만의 특별한 색채이다. 색동은 자연주의 사상이 반영된 색채 관에서 출발하여 만들어진 것으로 한국 전통의 빛깔이며 우리 민족의 기운을 상징하는 색채인 것이다.[37]

민천식 화관무의 무복과 한삼에는 빨강과 노랑이 색의 주가 되고 파랑, 분홍 그리고 흰색을 조화롭게 배색하였다. 특히 빨강과 노랑의 상·하의 배색은 화평과 민족의 의지를 발산하고자 양의 기운을 극대화하려는 의지로 보인다. 우주의 만물과 모든 현상은 음과 양으로 구분되며 음양의 법칙에 따라 변화된다. 이와 동시에 우주 만물의 모든 현상은 우주 간에 존립하는 목·화·토·금·수의 다섯 가지 원소(元素) 오행(五行)으로 구분되며 그 법칙에 따라 운행된다.[38] 동양에서 오행이 주는 의미는 우주의 삼라만상을 이루는 근본 조건으로 인간은 오행 원리의 깨달음으로서 자연에 순응하며 더욱 조화로운 삶을 지향해 왔다. 이러한 음양오행 원리는 색채로서 이해되며 오방색의 개념이 우주관 자연관의 상징체계로서 인식되고 자연색의 체계로 활용되어온 것이다.[39]

음양오행에 기초를 둔 오방색 또한 우리의 전통색채로 예로부터

---

37 오임석(2008), 「색동을 중심으로 한 현대 한국화 연구」, 공주대학교대학원 석사학위논문, pp.5~6.

38 서승환(2007), 『四柱命理 韓方處方學 Ⅰ』, 관음출판사, p.61.

39 한정언(2002), 「自然色體系로서 五方色原理의 構造的 特性과 그 現代的 意味에 관한 考察」, 이화여자대학교대학원 석사학위논문, p.43.

청·적·백·흑·황의 다섯 가지 색을 기본으로 표현했다. 동양의 색채인 오방색(五方色)은 중국에서도 많은 사용이 되어왔으나 우리의 감각과 어우러진 우리만의 오방색은 그보다 밝은 중간 색조를 띠고 있다.[40] 오방색은 음·양 기운의 생성이 하늘과 땅을 이루고 이는 다시 목(木)·화(火)·토(土)·금(金)·수(水)의 오행이 된다는 음양·오행 사상을 기초로 한다. 특히 토(土)에 해당하는 황(黃)은 오행 중 우주의 중심을 의미하여 가장 고귀한 색으로 여겨져 임금의 옷을 지을 때 사용되었으며 화(火)에 해당하는 적(赤)은 가장 강한 벽사의 색으로 적극성의 의미와 더불어 생성과 창조, 정열과 애정을 뜻하였다.[41]

이렇듯 우리 민족은 색이 주는 의미를 일상생활에 반영하여 복을 구하고 화를 막는 상징적 의미를 부여하기도 하였는데 음·양·오행을 바탕으로 정리된 색채인 오방색과 색동은 우리 민족의 생활과 문화 전반에 상당히 밀접한 관계를 갖고 많은 의미를 부여하며 전해져왔다. 색동과 오방색은 전통예술 전반에 대표되는 색채로 표현되고 있으며 주술적 의미와 의식적 예(禮)를 갖추는 무속 행위에서부터 궁중 연행까지, 특히 전통의 미(美)를 표현해내는 우리 전통춤에는 복색은 물론 곳곳에 음양오행의 기운을 담아 표현되고 있다.

민천식 화관무의 무복 또한 우리 전통색채의 활용으로 색이 주는 의미와 이와 조화되는 음양의 이치가 무복과 한삼, 화관에 이르기까지

---

40 배민경(2017), 「음양오행을 통한 오방색에 대한 표현 연구: 본인 작품을 중심으로」, 홍익대학교대학원 석사학위논문, p.17.
41 '오방색' 두산백과(http://www.doopedia.co.kr) 참조.

전반에 담겨 표현되고 있다. 민천식 화관무에서 녹색의 몽두리를 황금색으로 변경하고 다홍치마를 입었던 것은 우주의 중심에 나라가 강건하게 서기를 바라는 마음과 더불어 민족의 기운을 북돋으려는 강한 의지의 표현으로 볼 수 있다. 검은색 화관을 머리에 쓴 것은 오방색 중 오행 가운데 수(水)에 해당하는 흑(黑)이 상징하는 인간의 지혜를 중심에 둔 것으로 단순한 색채의 화려함보다는 오방색의 의미를 강조하고자 하는 하나의 방편인 것으로 해석된다. 일제강점기와 한국전쟁을 거치며 우리 민족은 위기의 국가에서 굳센 의지로 민족의 얼을 지키고 조국을 수호했다. 민천식은 화관무의 의상에 민족의 색채인 색동이 주는 화려함에 민족의 번영을, 오방색이 전하는 상징성에 국태민안의 의미를 담아 전승한 것이다.

6장

민천식 화관무의 사상성

일반적으로 우리는 한국 고유의 전통춤을 '맺고 풀고 어르는 춤'이라 표현한다. 민족 문화예술의 원류(源流)인 우리의 춤은 고대 제천의식에서 발생한 자연숭배사상과 더불어 천지인(天地人), 음양오행(陰陽五行) 등의 유불선(儒佛仙) 사상이 정신적 기반이 되고 호흡이 움직임의 근원이 되어 맺고 풀고 어르는 춤사위가 조화롭게 어우러져 일련(一連)의 움직임으로 만들어진 것이다. 이와 같은 우리 전통춤은 그 내면에 우리 민족의 삶의 양식이 고스란히 담겨 있으며 사회적 규범과 가치관, 감성과 의식, 우주와 천지, 사람과 자연을 조화롭게 아우르며 인간 내면 정신세계까지 몸짓으로 풀어내는 예술인 것이다.[1]

우리 전통춤은 외형적으로 보이는 춤사위의 구성요소만큼이나 그

---

1 김미란·조남규(2016), 「중요무형문화재로 지정된 전통무용의 장단에 관한 고찰—승무와 태평무를 중심으로」, 『한국무용연구』 34(3), 한국무용연구학회, pp.24~26.

표현에 내재 된 사상적 체계가 중요하기 때문에 도(道)와 예(禮)를 기반으로 하는 동양사상으로의 해석은 춤을 근본적으로 분석하는 결과를 가져온다. 그러므로 민천식 화관무의 춤사위와 무도 공간구성에 관한 사상체계의 분석은 우리 전통춤의 사상적 근원인 동양사상을 기반으로 태극, 음양오행, 삼재론을 비롯한 우보, 천원지방 등 동양사상의 범주에서 폭넓게 적용하고자 한다. 민천식 화관무의 사상성 분석은 동양사상을 기반으로 성리학의 대표적 이론인 이기론(理氣論)[2]의 입장에서 분석한 것이며 이는 민천식 화관무의 춤이 갖춘 예(禮)와 근원적 사상의 이치(理致)가 춤사위의 기교보다 우선하는 민천식 화관무의 형식적 특성이 이기론의 사상에 부합되는 타당한 이유가 있기 때문이다. 그러므로 민천식 화관무의 사상체계를 고찰하여 민천식이 추구한 춤의 사상적 의미를 살펴보는 것이 바로 이 글의 핵심이다.

민천식에 의해 완성된 화관무는 장단의 변화에 따라 춤사위의 구성과 형식의 흐름이 확연이 구분되어 변화하고 전개되는 특징을 갖는다. 민천식의 화관무는 춤사위의 구조에서 설명하였듯이 궁중과 민속의 춤 양식이 공존하며, 그 전개가 장단의 변화에 따라 명확하게 구분된다. 민천식은 학습과정에서도 양식의 전환을 구분하여 교습(敎習)하고 전체 흐름을 분리하여 설명하였다고 한다. 본래 과장(科場)의 사전적 풀이는 민속 탈춤이나 산대놀이 등의 민속극에서 내용이나 형식이 나누어지는 큰 단락 또는 판소리의 마당에 해당한다. 민천식은 탈춤을 교습하던

---

2 이기론(理氣論): 이(理)와 기(氣) 원리를 사용하여 우주 속에 존재하고 있는 모든 현상을 설명하는 성리학의 이론으로 우주 현상과 인간 도덕 실천의 문제를 체계적으로 해명하는 이론을 말한다.

학습법을 화관무 전개 과정 전수에 용이한 방법으로 응용한 것으로 생각되며, 김나연은 전수과정에서 스승 민천식의 교수법을 따른 것이다. 이 글 또한 화관무 춤의 전개를 장단을 기준으로 하여 과장으로 구분함을 구전 전승의 전습과정을 따른 것으로 이해하기를 청(請)한다.

화관무의 제1과장과 제4과장은 염불·도드리장단으로 무도공간에서 무원(舞媛)들의 등장으로 시작을 알리고 춤의 종결이 진행되는 단계이다. 열을 맞추어 무원들이 도열하고 큰절을 올리며 춤의 시작을 알리는 1과장과 춤을 마무리하는 의미로 큰절을 올리는 4과장은 예를 갖추고 연희하는 궁중정재의 형식이 잘 드러난 부분이다. 민천식은 1과장에서 정재의 구성형식에 우보의 사상적 의미를 담은 디딤새를 강조함으로써 충분히 예의를 갖추는 형식으로 안무하였다. 춤사위보다는 예를 갖추는 형식과 복을 구하는 도가사상이 강조되는 부분이라 할 수 있다.

제2과장은 타령장단으로 민천식 화관무에서 본격적으로 춤사위가 시작하는 장단이다. 타령장단의 춤사위는 좌우가 고르게 반복되며 춤사위의 다양한 변화보다는 규칙이 강조되고, 지극히 정적이며 4박 1보 또는 2박 1보의 굴신이 강조된 디딤이 주가 된다. 상체 춤사위는 양팔이 곡선을 이루는 궁체(弓體)를 근본으로 하여 서로 상응(相應)하며 움직여 태극을 그린다. 여미고 풀어내는 팔 사위에 호흡으로 한삼을 뿌리고 던지며 춤사위를 확장하기도 하고 응축하기도 하여 정적인 움직임에 동적인 효과를 주어 화려한 춤사위로 변화시킨다. 또한 열린 공간을 향해서 뿌리는 한삼은 호흡과 함께 허공으로 풀어내며 좌우 반복 춤사위와 무원의 전후 이동이 반복되어 규칙을 강조하는 춤사위로 연결하고 이러한 춤의 단락들을 무원이 사방을 돌아 정리한다. 무게 실린 춤사

위에 형식과 규칙이 강조된 타령장단의 춤사위는 음양과 오행, 태극의 원리와 더불어 천원지방의 사상에 입각한 분석을 하였다.

제3과장 굿거리장단의 춤사위는 타령장단보다는 활달한 춤사위로 전개된다. 우리 전통춤에서 굿거리장단은 본래 빠른 속도로 진행되는 장단이 아님에도 불구하고 민천식의 화관무에서는 타령장단보다 동적인 양상을 보이는데 이는 춤사위의 변화양상보다는 디딤과 몸놀림, 한삼의 활용 등에 중점을 두고 설명할 수 있다. 디딤은 굴신보다는 돋움이 강조되고, 세전(細傳)과 잦은걸음으로 무원들의 이동을 주도하며, 한삼의 활용은 주로 하늘을 향해서 뿌려진다. 이는 하늘과 땅의 사이 공간에서 중심체로서 인간이 하늘과 땅의 조화를 위해 연결하는 주도적 역할을 하는 것을 의미하는 것이다. 이는 삼재론에 입각하여 해석할 수 있다. 또한 굿거리장단에서는 민천식 화관무의 상징적 춤사위인 연풍대 춤사위가 연속되는데, 연풍대는 무원들이 무도 공간에서 원으로 진(陣)을 짜며 이동하고 몸을 굴려 회전하는 움직임으로 인간을 중심으로 사방 공간을 아우르는 것이다. 회전과 함께 깊은 굴신으로 몸을 낮추었다 솟아오르며 몸으로 끌어왔던 한삼을 하늘로 뿌려내는 움직임은 하늘과 땅의 사방 공간에 인간의 기세(氣勢)를 융합시킨 것으로, 우주 공간과 일체(一體)가 되는 인간중심의 의식을 볼 수 있다. 이러한 천지와 사방의 아우름은 육합의 사상과도 관련이 있다.

마지막으로 도드리장단은 춤을 맺는 과장이다. 무원들은 열을 맞춘 후 큰절을 올리고 모든 춤을 마무리한다. 이는 궁중의 형식을 권번의 양식에 맞게 변화시킨 양상이다. 구도는 궁중의 일무적 성격을 가지지만 그 전체적 절차는 동일하지 않다. 이는 궁중의 법도를 교방 문화의 성격에 맞게 변칙적 구성을 한 것으로 판단할 수 있다.

민천식 화관무의 춤사위는 궁중의 형식과 민속적 춤사위가 적절히 안배되어 구성된다. 춤사위는 전체적으로 궁중정재의 무게 있는 움직임을 기반으로 하며, 뿌리고 치고 넘기며 반복되는 한삼 뿌림은 민속적 춤사위인 해서탈춤의 특징적 춤사위와도 유사하다. 더불어 민천식 화관무 무도 공간의 구성이 주로 열(列)과 원(圓)의 구도를 활용하고 공간의 구성이 주로 원을 만들어 냄은 고대의 기원적 의식무인 원무(圓舞)의 형식이 잘 나타나는 부분이며, 열을 맞추어 진행하는 의식적 구조의 부분은 정재의 일무적 구성과 흡사하다. 이는 민천식 화관무가 궁중의 의례적 형식과 민속에서 원진(圓陣)의 기원적 의미를 포함한 것을 보여주며 궁중과 민속의 교합 양상을 입증하는 것이다.

이 글에서는 이상과 같은 민천식 화관무에 내재된 사상성을 우보, 음양오행, 태극론, 삼재론, 천원지방, 육합 등의 여섯 가지로 구분하였다. 또한 이 여섯 가지 사상들을 유가(儒家) 사상 중에서도 성리학을 대표하는 이기론의 틀 안에서 설명하고자 한다. 특히 이기론에 주목하는 이유는 규칙성이 강조되는 궁중정재의 형식과 즉흥성과 자율성이 강조된 민속춤의 형식이 혼합된 민천식 화관무의 안무구조가 이기론의 사상적 틀 안에서 잘 설명될 수 있기 때문이다.

시대적 배경으로 설명해보면 고려 이전의 문화적 양상은 궁중과 민속이 각각 개별적 발전 양상을 보였다. 이는 지배계층과 피지배계층의 엄격한 구분, 경제적 여건의 현저한 차이 등이 그 요인이라 할 수 있다. 그러나 고려시대에 이르러 민간의 민속문화와 궁중의 문화가 접촉하는 교류 양상을 보이는데, 이는 사상적으로 성리학이 대두되는 시기와도 일치한다. 성리학은 이와 기의 대립적(對立的)이면서도 상보적(相補的)인 입장을 전제로 한 이기론을 이학(理學)의 입장에서 통합한 사상이다. 민간의 문화와 궁중의 문화가 의식적으로 교류하는 사상적 배경에는 이러한 성리학의 이기론이 반영되어 있다. 그러므로 이 글에서는 민천식 화관무의 형식과 내용에 내재된 사상을 이기론의 입장에서 해석하여 정의하고자 한다.

1. 이론적 배경

한국 전통춤의 분석에 있어 사상성의 분석은 주로 동양사상을 근거로 한다. 이는 우리의 역사적 특성상 고대 중국과의 교류 과정에서 탄생한 예술들은 그 사상까지도 함께 영향을 받았기 때문이다. 한반도는 지리적 특성상 아시아 문화권에 속해 있고, 중국과 인접해있다. 따라서 인접 국가간의 교역을 통해 자연스럽게 서로의 문화와 예술이 교류되었을 것이다. 이는 지금까지 우리의 전통사상과 자연스럽게 융합하여 정서의 기반으로 전승되어온 것이다. 이번 장에서 논의할 동양사상의 핵심 내용들은 아래와 같다.

1) 우보(禹步)

우보란 중국 고대 하(夏) 나라의 시조인 '우(禹: 우임금)의 걸음걸이'란 뜻으로, 도교의 보행법을 일컫는다. 심산궁곡(深山窮谷)에 은둔하여 수행하던 도교의 수행자들이 특수한 보행법(步行法)으로 악귀를 쫓아

액운을 막고 나쁜 기운을 멀리하게 하는 주법(呪法) 중 하나가 바로 우
보이다. 도교의 사제들이 "땅의 도(道)를 밟고 하늘의 도(道)를 나는 기
법[躡紀地飛天綱法]"이라 했던 주술적 춤의 일종으로, 도교의 예식이나
우주와의 일체를 염원하며 하는 명상에서 사제들에 의해 추어지는 춤
으로도 알려져 있다.[3]

도교는 신선사상(神仙思想)의 기반 아래 노자의 무위자연설(無爲自然
說), 노장사상, 유교, 불교 등의 신앙적 사상을 수용하여 생겨난 중국의
종교이자 철학사상이다. 민간의 신앙이 기반이 되어 발생한 도교는 중
국의 자연종교(自然宗敎)이며, 정령숭배에 기반한 신선사상과 수련법
등이 그 중심에 있다. 도가(道家)·음양오행(陰陽五行)·역학(易學)·참위
(讖緯)·점성(占星)·복서(卜筮) 등 사상에 무격(巫覡)신앙이 더해지고, 이
에 불교의 양식과 조직체계를 결합한 현세 이익적 자연종교이다.[4]

도교의 우주관은 "하늘에서 그러하듯 또한 땅에서도 그러하다."라
는 상응의 원리에 근거하여 논리를 전개한다. 인간관 또한 소우주와
대우주라는 상응의 원리가 그 토대가 된다. 인간이 대우주와 하나가
됨을 염원하는 도가는 우주의 정기를 흡수하여 영원히 자신들의 몸속
에 머무르기를 희망하며 여러 방법을 고안해 냈는데, 그중에서 하나
가 우보인 것이다.[5]

갈홍(葛洪, 기원전 283~363)은 『포박자(抱朴子)』 「내편(內篇)」에서 도교

---

3 김현자(1998), 「우보의 생성과 변천에 관한 탐구─신화, 사상, 의례의 역동적 상호작
　용에 관한 고찰」, 『종교연구』 16, 한국종교학회, p.221.
4 서울대학교 교육연구소(1995), 『교육학용어사전』, 하우동설.
5 김현자(1998), 위의 논문, p.237.

의 무보인 '우보'에 대해 「선약(仙藥)」편과 「등섭(登涉)」에 기술해 놓았다. 이 중 전자는 양생용(養生用)이고, 후자는 법술(法術)을 쓸 때 사용하는 것이다. 「등섭」편의 내용은 다음과 같다.

> "우보의 방법은 똑바로 서서 오른발은 앞에, 왼발은 뒤에 둔다. 다음으로 다시 오른발을 앞에 두고서 왼발이 오른발을 뒤따르게 하며 합친다. 이것이 1보이다. 다음으로 다시 오른발을 앞으로 한다. 다음으로 왼발을 앞으로 하고 오른발을 왼발에 뒤따르게 하며 합친다. 이것이 2보이다. 다음으로 다시 오른발을 앞으로 하고 왼발로 오른쪽 발을 뒤따르게 하며 합친다. 이것이 3보이다. 이와 같이하여 우보를 마친다."[6]

남북조시기에 성행했던 중국 종교 중 하나인 도교와 무교(巫敎)의 무용은 우보를 사용하며 천여 년이 넘는 세월을 지속하여 오늘날에 이르렀다. 우리는 이 긴 세월 동안 전해온 오래된 무용 보법인 무보를 통해 사람들로 하여금 우보의 형태를 새롭게 이해하게 하는 것이다.[7]

2) 음양오행(陰陽五行)

음양오행은 오천 년 우리 민족사의 사상적 원형에 가장 큰 영향을

---

6 "禹步法, 正立, 右足在前, 左足在後. 次復前右足, 以左足從右足并, 是一步也. 次復前右足, 次前右足, 以右足從左足并, 是二步也. 次復前右足, 以左足從右足并, 是三步也. 如此, 禹步之道畢矣."(『抱朴子·內篇』卷十七「登涉」) 참고로 「선약」편에서는 우보에 대해 다음과 같이 기술하고 있다. "前擧左, 右過左, 左就右. 次擧右, 左過右, 右就左. 次擧左, 右過左, 左就右. 如此三步, 當滿二丈一尺, 後有九迹.)"

7 유칭이·최춘월(2011), 「중국 고대무보의 유존과 當代 연구실태 개관」, 『국악원논문집』 24, 국립국악원, pp.84~89.

끼친 사상의 원리 중 하나이다. 우주나 인간의 소멸·성장·변화 등에
관련된 모든 현상을 음(陰)과 양(陽)의 원리로 풀이하고, 이러한 음양에
서 파생된 만물의 생성 원리를 수(水)·화(火)·목(木)·금(金)·토(土)의 움
직임으로 설명하는 오행설(五行說)을 한데 묶어 우주와 인간 생활의 모
든 현상과 생성소멸을 해석하는 사상이다.[8] 음양오행설은 삼국시대부
터 우리나라에 전래된 것으로, 고려를 거쳐 조선에 이르기까지 풍수지
리설, 참위설, 십승지지사상(十勝之地思想) 뿐만 아니라 성리학적 세계
관에 이르기까지 우리 민족의 사상적 현상에 상당한 영향을 미쳤다.

성리학의 이기론적 입장에서 음양은 서로 대립되거나 서로 보완하
는 두 가지의 기를 말한다. 이러한 두 가지의 근원적인 기인 '음'과 '양'
에 의해 우주의 만물이 성립되었다고 보는 것이다.[9] 음과 양은 동정(動
靜)의 반복으로 발생하는 것이다. 동이 시작되어 양이 생겨나고, 동이
극에 달하면 정이 시작되어 음이 생겨난다. 다시 정이 극에 달하면 양
을 생성하고 이렇듯 동(動)과 정(靜)은 끊임없이 순환하고 연속되는 것
이다. 양이 확장될수록 음의 기운은 강해지고 음의 기운이 극에 달하
면 다시 양으로 확장되는 것이다. 그러므로 음과 양이 동정의 반복과
순환의 연속으로 인해 생겨나는 것이 바로 음양의 원리인 것이다.[10]
또한 오행은 위와 같이 음양의 반복과 순환의 연속작용이 우주와 자연
의 현상에 변화를 초래하는데 이러한 변화의 양상을 다섯 가지의 현상

---

8 『두산세계대백과사전·20』, 두산동아, pp.626~627.
9 몽배원 저, 홍원식 등 역(2008), 『성리학의 개념들』, 예문서원, p.124.
10 김지희(2003), 「한국 전통춤에 내재된 음양오행 분석을 통한 한국적 춤 교육 방안
   모색」, 숙명여자대학교대학원 박사학위논문. pp.17~18.

적 유형으로 구분한 것을 말한다.

만물을 생성한다는 오행은 우주 공간에서 연속되고 순환되는 원기가 분화하고 화합하는 과정에서 발생하는 다섯 가지 성질의 기를 말한다. 음과 양의 조화로 생성되는 오기(五氣)는 '동·서·남·북과 중앙', 오방(五方)에서 발현되며 우주 삼라만상을 구성하는 기본 요소인 것이다. 음양의 결합으로 생성된 오행의 오기(五氣)는 안으로 응축하는 음기와 밖으로 확장하는 양기의 특성이 연속하고 순환함으로써 맞물려 생겨나는 것이다.[11]

이러한 오행의 관계에는 상생(相生)과 상극(相剋)이 있다. 서로 조화를 이루며 그 기운을 북돋는 상생은 목생화(木生火), 화생토(火生土), 토생금(土生金), 금생수(金生水), 수생목(水生木)으로 목→화→토→금→수의 순서이고, 그 기운이 대립하여 서로 어울리지 못하는 상극은 수극화(水克火), 화극금(火克金), 금극목(金克木), 목극토(木克土), 토극수(土克水)로 수→화→금→목→토의 순서이다.[12]

오행은 이렇듯 상생과 상극과정을 통해 변화하고 발전하는데, 이러한 일련의 과정을 통해 만물이 생성하고 변화하는 것으로 해석한다. 그러나 오행은 음과 양의 기운이 근원이 되어 분화, 생성된 것이고 음과 양의 근본에는 태극(太極)이 있는 것이다. 이렇듯 서로 연결되는 음양오행의 원리는 우주와 삼라만상을 통찰하는 원리가 되었고, 이는 동양사상의 근간이 되었다. 음양오행사상은 유구한 동양의 역사 속에

---

11 김지희(2003), 위의 논문, pp.20~23.
12 『두산세계대백과사전·19』, 두산동아(1996), p.396.

서 문화와 삶의 양식, 사고방식을 결정하는 보편적인 기준이 되었다.
그 원리는 수천 년 동안 동양의 주된 세계관이자 우주의 조화와 만물
형성의 인식체계로 자리 잡았다.[13]

3) 태극론(太極論)

태극(太極)이란 우주에서 발생되는 음양의 실체를 의미한다. 특히
성리학에서는 모든 존재의 가치의 근원이 되는 궁극적인 실체라고 설
명한다.[14] 남송시대의 유학자 육구연(陸九淵, 1139~1193)[15]은 음양오행
을 우주 만물을 구성하는 물질의 실체라 주장하며 태극을 음양오행이
나누어지지 않은 기의 상태로 설명하였다.[16]

"태극이 나누어져 음양이 되니, 음양이 곧 태극이다. 음양이 베풀어져
서 오행이 되니, 오행이 곧 음양이다. 이것이 온 우주를 가득 메우고 있는
데 어디 간들 오행이 아니겠는가."[17]

---

13 백경우(2011), 「이매방(李梅芳)춤의 양식 특성으로 본 역학(易學) 분석-〈승무〉·〈살
풀이춤〉·〈입춤〉·〈검무〉를 중심으로」, 성균관대학교대학원 박사학위논문, p.163.
14 한국민족문화대백과사전 편찬부(1991), 『한국민족문화대백과사전·23』, 한국정신
문화연구원, p.18.
15 陸九淵은 陸象山으로도 불리며, 송대 心學의 선구자로 알려져 있다. 그는 만물의
근원으로서 理나 氣가 아닌 마음[心]을 중시하여, "六經은 나의 몸에 대한 주석이
다."라고까지 주장했다.
16 몽배원 저, 홍원식 등 역(2008), 『성리학의 개념들』, 예문서원, p.140.
17 『象山先生全集』: "太極判而爲陰陽, 陰陽卽太極地. 陰陽播而爲五行, 五行卽陰陽地.
塞宇宙之間, 何往而非五行."

이는 곧 우주를 일컬으며, 음양이 있어야 비로소 우주의 만물이 탄생된다는 원리를 말한다. 빛과 어둠, 고저(高低)가 있고 인과(因果)가 있듯 음과 양도 상대적으로 존재하며, 이러한 일련의 현상들은 점차 상대가 변화하여 하나의 현상이 된다. 이러한 변화는 순간적으로 변화하는 것이 아닌 서서히 변화하는 것이다. 이것이 바로 태극 중앙의 새 을자(乙) 형태, 곡선 모양의 점진적 변화를 상징하는 것이다. 양쪽 끝이 가늘어지는 것은 변화가 시작된 후 다시 끝을 향해 진행하는 경로이고, 둥근 중앙의 형태는 점차 완숙해지는 자연현상의 과정을 순리적으로 표현한 것이다.[18]

북송(北宋)의 주돈이(周敦頤, 1017~1073)는 태극이 음양을 낳는다고 주장한다. 그는 대표적인 저술인 『태극도설(太極圖說)』에서 본체론에 무극(無極)과 동정(動靜)의 개념을 더해, "무극이면서 태극이다. 태극이 움직여 양을 낳고, 움직임이 극에 달하면 고요해지고, 고요해지면 음을 낳는다."[19]라고 하였다. 『태극도설』에서는 만물의 생성과정을 태극-음양-사상(四象)-팔괘(八卦)-만물로 본다. 태극 본체를 '무극이태극(無極而太極)'이라 표현하였고, 우주의 모든 사물의 본체를 태극이라 하였다.[20]

주희(朱熹, 1130~1200)[21]는 태극과 음양을 우주 본체론의 근본개념으로 처음 확립했고, 이를 이기(理氣)와 결합하여 계통적으로 설명하였다.

---

18 김봉준(1989), 『쉽게 푼 역학·1』, 삼한출판사. p.89.
19 『太極圖說』: 無極而太極. 太極動而生陽, 動極而靜, 靜而生陰.
20 이현수(2012), 『기철학 연구』, 한국학술정보(주), pp.182~183.
21 주희: 중국 남송의 유학자로 주자학을 집대성한 인물이다.

태극과 음양은 비록 이기의 관계이지만 이와 기보다 더욱 고차원적인 관계를 가지고 있는 것이다.[22] 주희는 "태극은 음양을 떠나있는 것이 아니다. 곧 음양과 함께 있으면서 그 본체를 가리키는 것이지, 음양을 섞어서 말하는 것은 아니다."[23]라고 태극과 음양의 관계를 설명한다. 이는 서로 분리도 되지 않고 서로 섞이지도 않는 이기의 관계를 말한 것이다. 특히 주희는 태극과 음양오행의 순환과정에서 기(氣)의 흐름 속에 보이지 않는 이(理)의 원리가 존재함을 다음과 같이 설명하였다.

> "무극이면서 태극이다.'라는 것은 형상은 없지만 이(理)가 있음을 말할 뿐이다. 이른바 태극이란 음양·오행의 이(理)일 뿐 달리 어떤 것이 있어 태극이 되는 것이 아니다."[24]

태극의 순환작용으로 음과 양은 생겨난다. 태극은 독립적 운동이 아니며, 음과 양 두 가지 성질이 공존하는 것이고 음과 양의 분합(分合)은 오행을 생성한다. 이렇듯 태극은 끊임없이 움직이고 정지하며 그 변화 안에서 양을 생성하고 멈춤으로 음을 만들어내면서 영원히 순환한다. 이러한 일련의 과정 안에서 우주 만물을 구성하는 다섯 가지 원소인 오행을 생성한다. 이렇듯 음양오행과 태극은 각기 다른 개별적 움직임이 아닌, 함께 공존하며 움직이는 순환체계인 것이다.

---

22 몽배원 저, 홍원식 등 역(2008), 『성리학의 개념들』, 예문서원, p.134.

23 『朱子語類』卷 九十四 「周子之書·太極圖」: [太極]非有離乎陰陽也. 即陰陽而指其本體, 不雜乎陰陽而為言也.

24 『朱子語類』卷 九十四: 無極而太極, 只是設無刑而有理, 所謂太極者, 只二氣五行之理, 非別有物爲太極也.

4) 삼재론(三才論)

삼재란 인간세계와 우주와의 기본적 구성요소로 그 안에서 작용하는 변화의 주된 요인인 천(天)·지(地)·인(人)을 의미한다. 이에 천·지·인 3과 음·양 2를 서로 곱하여 이루는 것을 '6'이라 하여, 육효(六爻)가 삼재 안에서 생성됨을 말한다.[25] 삼재란 하늘과 땅과 사람이 서로 어울려 우주를 형성하고 인간세계를 만들어내며 결국에는 하나가 되어 다시 돌아간다는 것으로 설명하는 사상적 체계를 갖고 있다.[26] 이렇듯 삼재론은 우주를 구성하는 근본인 천(天)·지(地)와 더불어 인(人)을 설정함으로써 인간이 하늘과 땅과 더불어 세상 이치의 중심이 되는 사상을 그 배경으로 삼는 것이다.

한국의 대표적 신화인 단군신화의 내용에서도 삼재론의 원형적 모습을 볼 수 있다. 환웅(桓雄)과 웅녀(熊女), 단군(檀君)을 천·지·인에 비유하고, 이들을 양과 음의 만남으로 해석하여 서로 조화를 이룸을 의미한다. 음양의 조화를 바탕으로 완전한 인간으로 탄생하기 위해 100일간의 고통을 인내하고 이겨내는 웅녀의 모습은 우리 민족문화에 나타난 삼재론으로 볼 수 있다. 또 환웅이 인간세계에 표명한 "널리 인간세계를 이롭게 한다."라는 '홍익인간(弘益人間)'의 정신은 그 의미를 인간이 우주의 중심이 되어 하늘과 땅의 기운을 조화롭게 한다는 삼재론으로 해석할 수 있는 것이다.[27]

---

25 이정숙(2000), 「한국 전통춤의 삼재론적 해석」, 서울대학교대학원 석사학위논문, p.9.

26 한국철학사전편찬위원회(2011), 『한국철학사전』, 도서출판 동방의 빛, p.22.

27 김윤주(2013), 「한영숙류 살풀이춤에 내재된 삼재론 중심의 음양오행」, 대구가톨릭

5) 천원지방(天圓地方)

고대의 천문(天文)에 관한 이론들 중 개천설(蓋天說)을 '천원지방'이
라는 단어로 표현한 것으로, 표현 그대로 둥근 하늘이 위에 있고 아래
에는 네모난 땅이 있는 형상을 의미한다. 이는 우주의 모습을 하늘과
땅 그리고 그 사이의 공간으로 인식한 것[28]이며, 다음과 같은 두 가지
방법으로 해석할 수 있다.

첫째, 천원지방은 문자 그대로 하늘은 원형, 땅은 정방형의 평면이며
상·하에 각기 배치되어 있다는 것이다. 여기에서 하늘은 극을 중심으
로 회전한다. 땅은 고요하고 천체는 계절에 따라 다른 반경의 궤도로
움직이면서 원운동을 한다.[29] 둘째, 천원지방의 관념적 해석으로『여씨
춘추(呂氏春秋)』에서는 "하늘의 도리는 둥글게 도는 것이고, 땅의 도리
는 사방을 지키는 것이다."라고 하였다. 이는 음과 양의 정기가 그 하나
는 위로 솟아오르고 하나는 밑을 향해 내려와 이 둘이 합쳐져 만물을
이루며, 이것이 순환하고 다시 분할되는 방법으로 계속적인 변화를 함
으로써 원을 그리면서 도는 것을 하늘의 도리라 하였다.[30]

또한 땅 위의 만물은 서로 무리가 다르고 형체도 각기 다르므로 각
자의 책임이 있다. 이는 서로 대신할 수 없으므로 땅의 도리는 각자
맡은 바를 지켜내는 것이라 하였다. 이 논리는 하늘을 왕으로 땅을 관

대학교대학원 석사학위논문, p.7.
28 이상연(2013), 「천원지방(天圓地方)의 형태를 이용한 장신구 및 조형 연구: 직조 기
법을 중심으로」, 홍익대학교대학원 석사학위논문, pp.4~5.
29 이문규(2000), 『고대 중국인이 바라본 하늘의 세계』, 문학과 지성사, p.283.
30 『呂氏春秋』「十二紀·五日圓道」: 天道圓, 地道方.

리로 해석하며, 왕과 관리의 책무와 도리라는 비유적 표현으로 사용되었다. 이에 왕은 백성을 두루 살피고 어떠한 일에도 경직됨이 없으며 그 뜻은 사방 모든 곳에 통해야 하고, 관리는 직분이 정해지면 사사로운 욕심은 버리고 맡은 바 책임을 다해야 한다고 표명하였다.[31]

이렇듯 천원지방은 하늘과 땅의 실제를 보는 입장과 더불어 하늘과 땅, 양과 음의 도(道)를 보는 견해 또한 중요한 해석의 한 부분이 된다. 땅과 하늘 그 중심의 인간과의 교합을 기운의 순환 원리로 보고 이로 인해 탄생하고 변화하는 우주 만물을 그 이치의 발현으로 본 것이다.

6) 육합(六合)

육합은 천지와 사방을 통합하여 이르는 말이다. 이는 하늘과 땅, 동·서·남·북을 가리키며, 천지와 사방, 천하와 우주, 세계를 의미한다. 조선 말기의 실학자인 최한기(崔漢綺, 1803~1877)는 육합에 대해 다음과 같이 말하였다.

> "지(地)·월(月)·일(日)·성(星)이 쉬지 않고 돌고 돌아 운행하는데, 그 크고 작은 것이 서로 의뢰하고 상하가 층층으로 이어진 것은 마치 시종(時鍾)의 탑륜(塔輪: 시계의 톱니바퀴)과 같고, 내외가 겹으로 싸이고 육합(六合)이 끝이 없는 것은 마치 대란(大卵)이 여러 겹 내부를 포용하고 있는 것과 같다."[32]

---

31 여불위(2012), 『여씨춘추』, 글항아리, pp.98~101.
32 『氣測體義』卷六『推測錄』「輪轉螺轉」: 地月日星, 斡運不已, 大小相資, 上下層連, 如時鐘之塔輪, 內外重胞, 六合無端, 如大卵之容重卵.

이는 하늘이 쉬지 않고 움직이며, 이를 둘러싸고 있는 우주의 천체들이 서로 맞물려 영향을 준다는 것이다. 마치 커다란 계란 안에 내용물이 겹겹이 있는 것과도 같은 모습을 비유한 것으로, 육합은 끝이 없는 구조물로 둘러싸고 있는 형상과 같음을 말한다.

우리의 전통악기인 가야금에서도 육합의 원리를 찾을 수 있다. 중국 악부의 쟁을 본떠 만든 가야금에 대해 부현(傅玄, 217~278)은, "위가 둥근 것은 하늘을 상징하고 아래가 평평함은 땅을 상징하며, 가운데가 빈 것은 육합에 준하고 줄의 기둥은 12월에 비겼으니, 이것은 인(仁)·지(智)의 기구라."라고 하였다.[33] 또한 "금의 길이 3자 6치 6푼은 366일을 본뜨고, 너비의 6치는 육합(천지와 사방)을 본뜨고, 문(文)자의 상(上)은 지(池: 지는 물이니 고르다는 뜻)라 하고, 하(下)는 빈(濱: 복종한다는 뜻)이라 하고, 앞은 넓고 뒤가 좁은 것은 존비(尊卑)를 본뜨고, 위는 둥글고 아래는 모난 것은 천지의 형상을 본뜨고, 5현은 금·목·수·화·토의 오행을 본떴다."[34]라고 기록되어 있다.

『회남자(淮南子)』에서는 음력 열두 달 중 "맹춘(孟春: 1월)과 맹추(孟秋: 7월), 중춘(仲春: 2월)과 중추(仲秋: 8월), 계춘(季春: 3월)과 계추(季秋: 9월), 맹하(孟夏: 4월)와 맹동(孟冬: 10월), 중하(仲夏: 5월)와 중동(仲冬: 11월), 계하(季夏: 6월)와 계동(季冬: 12월)"[35]을 짝지어 육합이라고 하였다.

---

33 『三國史記』卷 第三十二, 雜誌 一 樂: 傅玄曰, "上圓象天, 下平象地, 中空准六合, 絃柱擬十二月, 斯乃仁智之器."

34 김부식 저·신호열 역(1976), 『삼국사기』, 동서문화사, p.582.

35 『淮南子』「時則訓」: 孟春與孟秋爲合, 仲春與仲秋爲合, 季春與季秋爲合, 孟夏與孟冬爲合, 仲夏與仲冬爲合, 季夏與季冬爲合.

이와 같이 천지와 사방을 아우르는 의미의 육합은 동양적 사고의 근본 원리로서 오랜 세월 동양의 삶의 양식으로 함께했으며, 사상의 근본이 된 것이다.

2. 민천식 화관무 춤사위의 사상성

춤이 가진 표현의 의미는 단순한 신체적인 양상에 의미를 두는 것이 아닌 춤을 추는 사람의 정신세계와 감정의 표현에 의미를 둔다는 것이며, 미적 가치판단의 척도에서도 내적표현의 부분이 상당한 비중을 차지한다. 특히 동양에서 미(美)의 기준은 서양과 달리 내면의 진실한 표현을 중시했다. 이는 장재(張載, 1020~1077)의 다음과 같은 말에서도 알 수 있다. "마음에서 선(善)을 성실히 함을 일러 신(信)이라 하고, 안을 채워서 밖으로 드러남을 일러 미(美)라 한다."[36] 이렇듯 우리의 전통춤은 동양사상에 사상적 원류를 두고 있으므로 그 아름다움의 척도 또한 생각과 감정, 심성의 아름다움이 응축되어 춤으로 표현되는 것에 중점을 두는 것이다. 더불어 치병 수행과 평안과 안녕을 기원하며 발생된 우리 춤은 인간 염원의 의미를 춤에 담아 흥과 신명으로 풀어냈다.

지리적 특성상 수많은 외세의 침략으로부터 나라를 지켜내야 했던 우리 민족은 국난 극복의 기원을 민족공동체 사상과 더불어 우주와 인간과의 관계성을 더해 춤사위의 움직임 원리로 풀어냈다. 민천식

---

36 『正蒙』「中正」: 誠善於心之謂信, 充內形外之謂美.

화관무는 화관무 발생의 의미에서부터 민천식에 의해 완성되어 황해
도 해주지역을 근거로 활동하고 남한 사회에 뿌리를 내리기까지 우리
전통춤의 역사적 맥락과 함께하며 춤사위의 원리와 사상 또한 전통춤
에 기반을 두어 발전되어 왔다. 전통춤의 구조 분석 방법으로 민천식
화관무 춤사위의 구조적 분석을 이끌었다면 이번 단락에서는 춤사위
와 구성요소에 내재 된 동양사상적 의미를 기반으로 한 사상체계를
분석하고자 한다.

민천식 화관무는 장단의 변화와 함께 춤사위와 대형의 변화가 이루
어진다. 이는 민천식 화관무 구성상의 특징인 궁중춤의 형식과 민속
춤의 형식이 안배되는 기준이 된다. 아래에서는 이러한 춤의 절차에
따른 무원(舞媛)들의 움직임과 춤사위의 변화에 주목하여 그 사상적
원리를 규명해보고자 한다.

앞의 이론적 배경에서 설명한 도교의 우보와 이기론에 입각하여 해
석된 음양과 오행, 태극과 육합 그리고 삼재, 천원지방 등의 사상은
민천식 화관무의 사상적 기반이 된 이론들이다. 이를 통해 동양적 세
계관과 사상이 민천식 화관무에 어떠한 틀로 존재하는지의 분석이 이
번 단락에서 살펴볼 주요 내용이다.

첫 번째로 도입 부분의 염불장단에서는 특징적 보법과 춤 태(態)의
분석을 도교의 우보사상에 입각하여 분석하고, 대형의 구도는 궁중정
재의 일무 형식에 대입하여 분석할 것이다. 두 번째 타령장단 부분에
서는 궁중의 형식인 좌·우 반복의 춤의 구조와 한삼의 활용, 상·하체
의 움직임의 특징을 천원지방과 음양오행 및 태극사상으로 분석할 것
이다. 세 번째인 굿거리장단의 부분은 장단의 변화와 동반되어 변화

되는 확장된 춤사위로 한삼의 뿌림, 디딤과 굴신의 특징적인 요소와 더불어 열 구도에서 원 구도가 주가 되는 무도 공간의 변화 등을 육합과 삼재의 사상에 입각하며 분석할 것이다. 이러한 내용들은 동양의 사상과 인식이 민천식 화관무의 춤 안에서 어떻게 유기적으로 작용되는지를 설명해 줄 것이다.

1) 염불·도드리장단: 우보적(禹步的) 전개

우보는 말 그대로 우왕(禹王)의 걸음걸이를 뜻한다. 도교의 종교적 수행자들의 걸음걸이로 이어진 우보는 본래 백성을 살피고 국가를 부유하고 강건하게 만들기를 고민하던 우왕이 늘 땅을 살피며 걷는 걸음걸이에서 유래한 것이다. 그의 굽은 등과 떨구어진 고개를 형상화한 특이한 보법인 우보는 백성의 평안과 국가의 번영을 구하는 우리 민족의 의식과 맥을 같이하기에 우리나라에서도 오랜 세월 궁에서 임금을 보필하는 궁인들의 특징적 걸음걸이로 전해졌다.

우보의 보법은 먼저 오른발을 앞으로 들어 딛고 다음으로 왼발을 내디딘 후 다시 오른발을 앞으로 딛고 다시 왼발을 오른발과 나란히 모아 딛기를 거듭하는 것으로, 제3보부터는 왼발을 먼저 앞으로 내딛는 규칙성을 가진다.[37] 우보는 도교의 의식을 만들었던 사제들이 국가와 백성의 평안을 정치이념으로 삼았던 고대 중국 하나라의 제왕인 우왕에 대한 경의와 그의 음악과 춤에 능하던 제사장으로서의 능력을

---

37 정우진(2013), 「抱朴子「仙藥」편과「登涉」편에 보이는 술수와 세계관연구」, 『동서철학연구』 69, 한국동서철학회, pp.5~7.

기리고자 제례의식의 상징적 보법으로 삼은 것이다. 도교의 제례의식에서 귀신을 존중하여 제사를 융성하게 하고자 귀신을 부르고 귀신과 소통하는 방법으로 삼았던 우보는 민가로 알려지며 무용가들에 의해 독특한 하나의 무용 보법으로 창조되어 활용되기 시작했다.

도교의 우보가 의식과 사상이 주가 되어 행해지는 것이라면, 춤에 활용된 우보는 특징적인 보법을 활용하여 또 하나의 새로운 디딤새로 창작되어 보법의 원리와 사상보다는 미적 표현의 방법으로 진화되었다고 볼 수 있다. 이러한 일련의 변화 과정을 통해 걸음걸이는 그보다 이해하기 쉬운 하나의 디딤으로 완성되며 예술적인 면이 강조되었고, 도교의 사상은 민중의 심성을 북돋아 주는 의미로 변화되었다. 이로써 도교의 종교의식에서 우보가 죽은 자를 위한 의식행위였다면 현존하는 춤의 우보적 표현은 심성을 바르게 하고 예술적 감흥을 전하는 산자를 위한 예술적 활동이 된 것이다.

민천식 화관무 무원들의 등장을 살펴보면 두 팔을 가슴 앞으로 모아 들고 고개를 숙여 시선은 땅을 향한 채 발을 들어 올린다. 염불·도드리 한 장단에 오른발을 조심스레 들어 앞으로 들어 딛고, 다음 한 장단에 왼발을 들어 딛고, 다시 오른발을 딛고 난 후 네 번째 장단에 왼발을 모아 딛고 굴신을 한다. 디딤의 연결은 6박이 1장단인 도드리장단이 4장단이 소요되며 이러한 느린 디딤은 무원들이 열을 맞추어 정렬할 때까지 연속된다. 굽은 등으로 고개를 숙여 땅을 보고 걸어 나오는 무원들의 등장 동작에 대하여 김나연[38]은 다음과 같이 설명한다.

---

38 김나연은 황해도 무형문화재 제4호 화관무 예능보유자이다. 민천식의 직계제자로

"궁에서는 임금님의 얼굴을 정면으로 볼 수가 없었대요. 임금님에게 나아가려면 몸을 낮추고 땅을 고개를 숙인 채 걸어가야 했답니다. 어렸을 때 나도 하도 궁금하여 선생님께 여쭤봤어요. 그랬더니 이렇게 대답해 주셨어요. 그리고 우리는 예전에 더 긴 장단을 고개를 더 푹 숙이고 걸어 나갔어요. 요즘 사람들은 이해를 못하겠지."[39]

민천식 화관무 또한 발생의 이념이 나라의 태평성대와 백성의 안녕, 민족의 번영을 염원하는 기원적 춤으로, 춤의 시작을 알리며 우보적 보법을 적용한 것은 임금에 대한 예(禮)를 갖춤과 더불어 조상과 신들에게 평안과 태평의 강구는 제례의 의식을 통해 염원의 성취를 희망한 것이다. 그러므로 민천식 화관무에서 우보의 적용은 사상적으로는 우왕의 이념을 담은 것이고, 그 형식은 궁중의 특징을 염두하고 안무되었기에 궁중 나인들의 특징적 걸음걸이를 춤으로 형상화한 것이다.

15세에 민천식 문하에서 본격적으로 춤 공부를 시작하였다. 그의 제자들 중 유일하게 민천식류 전통춤을 계승하여 활동하였고, 2011년 8월에는 민천식의 황해도 화관무 예능보유자로 지정되었다.

39 김나연 구술채록(2019년 6월 22일).

염불 제1장단	염불 제2장단	염불 제3장단	염불 제4장단
오른발을 들어 앞으로 내디딘다.	다음 왼발을 내디딘다.	오른발을 들어 내디딘다.	왼발을 오른발 옆에 모아 딛고 굴신 한다.

[우보적 디딤]

2) 타령장단: 음양과 오행, 태극, 천원지방

민천식 화관무에서 도드리장단이 춤의 시작을 알리는 과정이라면 타령장단은 본격적으로 춤사위가 시작되는 부분이다. 도드리장단에 무원들이 열을 맞추고 춤의 시작을 알리는 큰절을 하고 일어나면 타령장단이 시작되고, 이에 맞추어 춤사위가 진행된다. 타령장단의 춤사위는 주로 일자형인 열 대형 상태에서 이루어지며 공간의 이동이나 대형의 변화보다 무원의 신체 방향의 변화가 주가 된다. 춤사위는 좌·우가 고르게 반복되며 사방돌기춤사위는 동작을 마무리하며 다음 춤사위를 연결해 나간다. 특히 하체의 움직임보다 상체의 춤사위를 강조하는 타령장단의 여밈 사위, 너울 사위, 엎고 젖히는 사위 등 팔을 활용한 춤사위는 궁체가 기본이 되어 태극을 그리며 흐르는 곡선으로 표현된다.

한삼의 활용 또한 엎고 젖히고, 뿌리고 넘김에 있어 팔의 모양을

곡선으로 유지하며 좌·우, 또는 사선으로 한삼을 치는 춤사위가 주를
이룬다. 이렇듯 타령장단의 춤사위는 좌·우와 양 사선을 고르게 활용
하고 신체를 중심으로 네 방향으로 움직임으로써 음양과 오행의 이치
를 따르며 궁체를 기본으로 곡선을 그리며 움직이는 팔 사위는 음양오
행과 더불어 태극의 원리를 담아내고 있다. 타령장단의 중심 춤사위
인 사방돌기는 땅을 사방으로 눌러 딛고 신체는 원을 그리듯 유유히
움직이는 춤사위로, 천원지방의 사상과 더불어 천지인 합일의 의미를
나타내는 것이다.

(1) 타령장단 춤사위의 음양과 오행

음양에서 음은 해를 구름이 가려 어두운 상태를 의미하며, 양은 태
양이 떠오르는 형상으로 양과 음은 상반되는 의미를 가지고 있다.[40]
이기론에 있어 음과 양은 "달이 자리하고 있는 바는 양이다. 따라서
해의 빛을 받는 것이지 해의 정기를 받는 것은 아니다."[41]라고 하며 빛
을 받는 것이 음이고 양은 베푸는 현상이라고 하였다. 또한 음양은 우
주 만물의 모든 변화와 생성, 소멸의 이치를 음양 상호의 작용으로 표
현해내는 원리인 동시에 서로 상생하며 연속적인 순환과 서로 통합되
는 조화를 그 기본 성격으로 지니고 있으므로 음양은 일정한 틀이나
규칙에 고정되어있는 것이 아닌 항상 변화하는 것이다.

이에 양의 기운은 보이지 않는 무형으로 맑고 가벼우며 이는 기로

---

40 장은석(2008), 「陰陽五行에 의한 象徵造形에 關한 研究: 韓國人의 造形思考를 中心
   으로」, 한양대학교대학원 박사학위논문, p.22.
41 『正蒙』「參兩」: 月所位者陽. 故受日之光, 不受日之精.

동하게 하여 변화가 많은 것이고, 음의 기운은 탁하고 무거워 상대적으로 변화가 적고 조용하다.[42] 춤사위에서 음과 양의 형태로 나타나는 동작들을 살펴보면, 음의 형태로 나타나는 춤사위는 팔사위가 주로 아래를 향하고 신체 가까이 감거나 당겨오며, 하체는 발을 딛어 굴신 (屈伸)한다. 여기에 신체는 하강하고 고개는 숙여지며 몸체는 안으로 움츠린 동작을 하는데 이를 음의 동작이라 할 수 있다. 또한 양(陽)의 형태로 나타나는 춤사위는 팔 사위가 위를 향하여 들어 올리거나 몸에서 멀리 확장하여 움직이며, 발은 위로 돋움을 하거나 들어 올려 내어 딛으며, 몸을 위로 끌어올려 신체를 확장하는 동작들이다.

이를 보면 음과 양의 분류기준이 팔과 다리, 신체가 활용되는 공간의 범위와 방향, 강약 등을 의미하는 것을 알 수 있다.[43] 그러나 모든 우주의 산물이 음과 양의 조화 없이 음은 음, 양은 양 단독으로 구성될 수 없듯이 이러한 춤사위 또한 음과 양으로 선을 그어 규정할 수 없다. '음은 음'으로, '양은 양'으로만은 결코 조화로운 춤사위를 표현할 수 없기 때문이다. 음이 있으면 양이 있고 양이 있으면 음이 있으며, 음의 기운이 양으로 흐르면 다시 양의 기운은 음으로 흐르듯 서로 조화를 이뤄야 하나의 개체로 완성되는 것이다. 결국 음양이 조화를 이루지 못하면 아름답게 표현될 수 없는 것이다.

---

42 김지희(2003), 「한국 전통춤에 나타나는 음양오행적 표현, 움직임의 철학」, 『한국체육철학회지』 11(1), 한국체육철학회, 2003, p.18.
43 김지희(2003), 위의 논문, p.45.

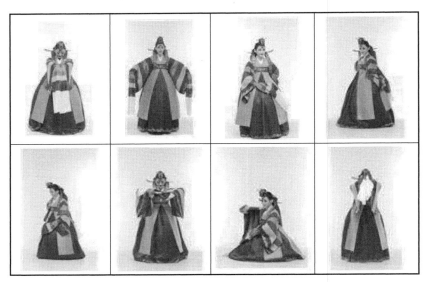

[음의 춤사위]

[양의 춤사위]

우리 전통춤은 춤의 흐름을 장단이 주도한다고 해도 과언이 아니다. 양손의 합을 이루는 첫 장단을 강으로 인식하여 호흡으로 춤을 시작한다면, 풀어내는 마지막 장단은 호흡도 함께 풀어내며 모든 긴장을 풀고 몸을 이완하며 다음 장단을 준비한다. 이 또한 강과 약 박으로 인식되며 대삼과 소삼의 춤사위로 표현해내는 것이다. 민천식 화관무에서 강박에는 디딤을 시작하고 약 박에는 굴신을 쓰는 형태의 춤사위가 이어지며 대삼에는 주로 한삼을 뿌리거나 몸을 확장하고 소삼에는 한삼을 호흡과 함께 거두거나 몸쪽으로 감아내는 대삼·소삼의 춤사위로 연결된다. 이렇듯 장단의 강약은 춤사위를 조화롭게 구성하기 위한 하나의 구성요소로서 강과 약을 양과 음의 원리로 이해하며 춤사위에서도 대삼의 춤사위는 양의 표현으로 소삼의 춤사위를 음의 표현으로 구분하기도 한다. 음악과 조화된 춤사위를 음양의 의미로 구분함은 춤과 음악이 오랜 역사를 통해 하나의 원리로 이어져 오고 있다는 근거로 춤의 표현에 있어 의미와 사상을 전달하기에 놓칠 수 없는 구성요소가 바로 음악이기 때문이다. 이렇듯 춤의 강과 약, 대삼과 소삼을 음양 사상의 원리로 견주어 볼 때, 우리 전통춤의 전반적인 춤사위 구성 또한 음양의 원리를 담고 있다 하겠다.

춤사위에 있어서 움직임의 흐름을 살펴보면 음에서 양으로 또는 양에서 음으로 조화를 이루며 이는 기의 흐름으로 진행되고, 이는 다시 순환의 원리에 따라 음양으로 조화를 이룬다. 『주역』「계사상」에서는 "한 번은 음(陰)하고 한 번은 양(陽) 하게 함을 도(道)라 한다."[44]라고 말

---

44 『周易』「繫辭傳上」: 一陰一陽之爲道.

한다. 도는 음과 양이 있어야 존재하는 것으로, 이는 우주 만물을 음과 양의 이원적 구조로 논하게 되는 것이다. 이것과 같이 우주 만물의 생성과 변화를 음과 양의 원리로 설명하였는데, 이러한 음양과 더불어 오행이 결합된 사상체계인 음양오행설은 생성과 변화의 원리를 만물의 조화로 해석하여 민천식 화관무의 춤 해석에 적용하였다.

오행은 음과 양의 성격을 기반으로 표현된 다섯 가지의 유형을 상징한다. 음과 양이 상호간에 관계성을 갖게 되면서 변화를 초래하는 것을 말한다. "양이 극에 달한 것은 불[火], 음이 극에 달한 것을 물[水]이라 하고, 양 중에서 음의 기운이 포함된 것을 나무[木], 음 중에서 양의 기운이 포함된 것을 쇠[金]로 설명한다."[45] 오행이란 하나의 통일체가 태역, 태초, 태시, 태소의 네 단계를 거쳐 태극으로 발전한 것으로, 이는 다시 음과 양으로 분리되고 그 음양은 또다시 각각의 분리와 화합의 작용을 거쳐 다섯 개의 새로운 성질로 발생하게 되는데 이것을 바로 오행(五行)이라고 한다.[46] 이렇듯 우주 만물의 생성과 변화는 음양과 오행의 순환작용으로 연속되는 것이다. 오행은 인간과 공존하는 모든 우주 공간에서 발현되는 현상과 더불어 공존하는 모든 산물에 대한 일련의 순환법칙이라 할 수 있다.

한(漢) 나라 초기에 체계화된 오행은 상생의 순서로 목·화·토·금·수의 배열을, 전국시기 제(齊) 나라의 추연(鄒衍)은 상극의 순서로 토·수·금·화·수로 체계화하였다. 이러한 오행상생의 배열은 마치 봄·여

---

45 박주현(1997), 『음양오행』, 동학사, p.147.
46 한동석(2001). 『우주 변화의 원리』, 대원출판. p.58

름·가을·겨울의 사계절의 기운이 목·화·토·금·수의 변화를 일으키는 것과 같다고 볼 수 있다. 여기에 이 네 가지 기운의 흐름이 순탄하게 조화되도록 중재하는 기를 토(土)로 정의한다. 토의 기는 음과 양 어디에도 속하지 않으며, 음양의 중심이 되는 근원적 기로서 그 중앙에 위치한다. 이것은 태극의 운동에 기인한 것으로 개체의 위치에 따른 기의 양상이 변화되기 때문이다. 무극의 근저(根底)에서 태극의 기운이 움직이기 시작하면 양의 기운이 일어나게 되고, 이것이 극에 도달하면 음의 기운이 일어나며 다시 음이 극에 달하면 양이 일어나게 된다.[47] 그러므로 중심이 되는 기운인 토가 없이는 오행의 변화와 순환의 운동은 발현할 수 없는 것이며, 이 모든 것은 인간이 중심이 된 우주의 변화와 생성 원리로 풀이할 수 있다. 이러한 사상적 토대는 인간의 근본적 움직임인 춤의 원리에도 영향을 미쳤다. 오행의 기의 흐름이 움직임으로 나타나는 춤사위의 동작 형태를 정의해 보면 다음과 같다.

첫째, 목(木)의 춤사위는 시작 단계의 춤 동작 형태들을 말하며, 팔과 다리, 신체가 서서히 상승하는 동작들이 여기에 속한다.

둘째, 화(火)의 춤사위는 위로 솟구치는 기운의 동작 흐름을 말하며, 팔이 몸을 중심으로 위나 옆으로 확장되어 펼치고 뿌려지는 동작과 다리는 위로 뛰어오르는 형태의 동작들을 말한다.

셋째, 정세와 정세를 연결해주는 과도세의 춤사위를 토(土)라 말한다. 준비 동작과 마무리 동작 또한 양팔을 수평으로 들고 있는 춤사위

---

47 김지희(2003), 앞의 논문, pp.18~22.

가 이에 속한다.

넷째, 기의 흐름을 안으로 끌어와서 모아주는 동작의 흐름을 금(金)의 춤사위라 말한다. 연결되던 동작을 정지하면서 맺는 동작과 춤사위에서 어르고 맺는 춤사위가 이에 해당한다고 할 수 있다.

다섯째, 수(水)의 춤사위는 아래로 하강하는 기운의 동작 흐름으로 팔과 다리, 몸이 아래로 향하면서 한곳으로 응축되는 사위 또한 위로 솟아오르기 위해 몸 중심으로 최대한 응집된 사위를 말한다.[48]

위와 같은 오행의 기운은 다시 음양의 기운으로 정리하여 정의가 가능하다. 움직임의 시작과 상승의 기운인 목과 화는 양으로, 정지와 하강의 금과 수는 양의 기운으로 볼 수 있다. 이러한 음양과 오행 기운의 흐름은 서로 보완되고 상생하여 조화로운 움직임을 만들어낸다. 이와 같은 움직임의 조화는 체계화된 춤사위로 탄생하는 것이다.

민천식 화관무의 타령장단 춤사위에서는 호흡에 의존하면서 디딤과 굴신은 무게 있게 움직이고, 팔사위는 곡선을 유지한 채 한삼을 뿌리고 모으면서 춤의 확장과 응축을 반복한다. 또한 춤사위는 좌우가 고르게 반복되며 이동범위 또한 제한적이어서 무원의 신체를 좌·우로 이동하거나, 몸의 중심점을 기준으로 양 사선 방향으로 몸의 방향을 움직이는 것과 중심자리에서 사방으로 딛고 도는 양상을 보인다. 이는 대형의 움직임보다는 무원의 신체 방향 변화에 중점을 두고 춤사위와의 조화를 강조하는 부분이다. 특히 굴신과 디딤, 춤사위의 좌·우 반복, 한삼

---

48 김지희(2003), 앞의 논문, p.47.

의 뿌리고 모음은 음양의 조화로 해석할 수 있고, 무원이 중심을 유지하며 전·후·좌·우 사방위(四方位)로 신체 방향을 전환하는 것은 무한한 공간에서 인간이 오행을 아우르는 춤사위로 해석할 수 있다.

주희는 "음양이기(陰陽二氣)가 나뉘어 다섯이 되는 것이니 음양의 밖에 별도로 오행이 있는 것은 아니다."[49]라고 음양과 오행의 관계를 설명하였다. 이러한 의미와 일치되는 민천식 화관무의 춤사위를 김나연은 다음과 같이 설명한다.

"우리 춤을 맺고 풀어내는 춤이라고 표현하지요? 오른쪽으로 돌면 왼쪽으로도 몸을 돌아 균형을 맞춰야 하고, 오른팔 춤사위를 하면 왼팔도 따라 움직여야 하고, 오른발 디딤 후엔 왼발이 따라오고, 오른쪽으로 먼저 춤을 추면 또 왼쪽으로 춤을 춰서 풀어내야지요. 또 굴신을 주면 다시 오금을 펴서 일어나야 하고, 대삼 다음엔 소삼이 오고, 위로 솟으면 아래로 내려야 하고, 이런 것이 다 우리 춤의 조화지요. 이런 것을 우리 선생님들은 음양오행의 조화라고 했던 거지요."[50]

① 호흡과 굴신, 디딤의 음과 양

춤에 있어서 몸을 움직이게 하는 근원이 되는 것은 바로 호흡이다. 호흡의 들숨과 날숨은 몸을 일으키게 하여 움직이게 하고 때론 고요히 정지하게 한다. 이러한 신체의 확장과 수축은 음양의 기운이며 이러한 움직임의 연결이 바로 기의 흐름이 되는 것이다. 들숨의 호흡은 폐

---

49 『朱子語類』 卷一: 然却是陰陽二氣截做五箇, 不是陰陽外別有五行.
50 김나연 구술채록(2019년 6월 22일).

를 확장하여 상체를 일어나게 하고 하체는 발을 딛고 일어서 솟아오르게 하며 팔과 다리를 들어 올려 움직이게 하므로 양의 성질을 갖는 것이다. 반대로 날숨의 호흡은 내쉬는 숨으로 상체를 모이게 하고 하체는 굴신으로 내려앉게 하며 들어 올린 팔과 다리를 아래로 내리게 하므로 음의 성질을 갖는다 하겠다.

여기서 굴신(屈伸)의 사전적 의미를 먼저 살펴보면 글자 풀이 그대로 '팔이나 다리를 굽히거나 펴는 움직임'을 말한다. 우리 전통춤에서의 굴신은 무릎을 굽히고 펴며 하체의 움직임을 주도하는 동작을 말한다. 그러나 굴신은 무릎을 굽히고 펴는 것만으로 규정지을 수 없다. 굴신으로 인해 디딤이 생겨나고 이 디딤은 춤추는 사람의 신체를 움직이게 하기에, 굴신이 바로 하체 움직임 체계의 주가 되는 것이다. 특히 우리 전통춤에 있어서 굴신을 주도하는 것은 호흡이다. 호흡은 모든 움직임을 통제한다. 따라서 호흡과 동반되는 움직임을 살펴보면 음양의 조화를 설명할 수 있다.

우리는 통상적으로 호흡을 들숨과 날숨 그리고 정지상태로 설명한다. 호흡에서 마시는 들숨은 다량의 산소 유입으로 흉부를 확장시키고 이는 척추를 곧추세우도록 한다. 이때 무릎이 펴지면서 신체를 상승하게 한다. 이는 신체의 확장과 더불어 기를 발산하는 동작이므로 양의 기운으로 본다. 이와 반대로, 뱉어내는 날숨은 몸속으로 유입된 산소를 뱉어냄으로써 흉부를 수축시키고 상체는 숙여지며 무릎이 굽혀져 신체를 하강하게 한다. 이때 신체를 중심으로 기를 응축하게 되므로 음의 기운이라 할 수 있다.

쉽게 설명하면, 도약하기 위해서는 신체 중심으로 힘을 응축해야

[호흡·굴신과 연결된 춤사위]

하고 도약하고 난 후에는 다음 발산을 위해 또다시 몸을 움츠려야하는
것이다. 춤에서 이러한 신체의 움직임은 호흡이 주가 되어야 하고, 하
체의 춤사위로는 신체를 높이고 낮추는 상·하 이동, 디딤으로 움직임
을 주도해야 한다. 무도 공간을 그려내는 이동을 위한 움직임, 모아
딛고 굴신하여 춤사위를 맺어내는 일련의 모든 움직임들은 들숨과 날
숨이 주도하는 것으로, 이 모두는 바로 음·양의 조화라 할 수 있다.

　민천식 화관무는 특히 무원들의 다양한 공간의 활용과 이동을 강조
하는 움직임보다는 절제된 공간에서 춤추는 사람의 한삼을 활용한 춤
사위에 집중한다. 그러므로 하체의 움직임인 굴신과 디딤이 공간의 이
동보다는 상·하의 움직임으로 집중되는데, 이 또한 한삼을 뿌리기 위
한 호흡과 연결되는 경우가 다수이다. 한삼을 치고 뿌리기 위해서는
호흡이 필요하며, 그 호흡의 기운을 순환하기 위해서는 하체의 도움이
필요하기 때문이다. 이렇듯 우리 춤의 호흡은 굴신, 디딤을 비롯한 모
든 상·하체의 움직임에 있어 서로 긴밀한 연관성을 갖고 있는 것이다.

　위의 사진에서 볼 수 있듯이 신체의 확장과 한삼의 뿌림, 신(伸)의

형태인 디딤의 돋움새까지 모두 들숨으로 이루어진다. 이러한 동작을
위해서는 신체를 낮추고 하체는 굴(屈)의 형태인 몸 안으로 응집되는
날숨의 자세가 필요한 것이다. 앞에서 언급했듯이 전자는 양의 기운
이며 후자는 음의 기운으로 춤사위 한 동작에도 음과 양의 조화가 명
확히 설명되는 것이다.

② 좌우·사방 반복 춤사위의 음양오행

민천식 화관무에는 궁중정재의 형식이 많이 녹아있다. 궁중정재는
무원들이 격식을 갖추고 대형의 이동이 자유롭지 않으며, 좌·우가 반
복되면서 사방을 활용한다. 당악정재인 〈헌선도〉를 예로 들어보면 무
원들이 자리를 벗어나지 않으며, 소매를 모아 무릎을 굽혔다 펴며, 조
금 나아가서 창사를 한 후엔 다시 뒤로 물러나 제자리로 돌아오고, 조
금 앞으로 나아간 후 다시 춤추며 물러난다.[51] 민천식 화관무 역시 열
을 맞춘 무원들이 큰절을 올려 예(禮)를 표한 후 뒤로 조금 물러나 춤
을 시작한다. 타령장단의 경우 무원들은 거의 제자리를 유지하면서
신체 방향의 변화나 이동 후에도 다시 제자리로 돌아와 춤을 이어가는
형식이다. 특히 춤사위는 오른쪽으로 이동하면 왼쪽으로 다시 돌아오
고, 오른팔 춤사위 후엔 반드시 왼팔 춤사위를 연결하며, 오른쪽 회전
후엔 다시 왼쪽 회전을 하여 우·좌가 고르게 반복되며 연결된다.

호흡의 강약으로 표현되는 대삼과 소삼의 춤사위는 대표적인 양과

---

51 김미영(2008), 「악학궤범 당악정재 규칙성과 사상성 연구」, 성균관대학교대학원 박
사학위논문, pp.130~131.

음 성향의 춤사위로 설명할 수 있다. 한삼의 춤사위가 주를 이루는 민
천식 화관무에서 한삼을 뿌리고 치는 춤사위는 양으로, 모으고 감는
춤사위는 음으로 설명할 수 있는 것이다. 특히 좌우치기나 비껴사선
치기처럼 한삼을 힘차게 뿌리는 강한 대삼의 성격을 가진 춤사위는
움직임 전에 마치 높이 뛰어오르기 위한 도움닫기를 하듯이 몸 중심으
로 호흡을 풀어 몸을 낮추고 양팔은 몸의 중심 가까이 감아놓는다. 이
렇듯 기운의 확장과 발산을 강조하기 위해 중심을 낮추고 기운을 안으
로 응축하는 것은 대삼의 춤사위를 더욱 강조하기 위한 하나의 방법인
데, 이 또한 음양의 조화라 할 수 있다.

  음과 양의 기운의 흐름이 조화를 이루어 생성된 오행은 다섯 가지의
기운으로 목·화·토·금·수로 설명되며, 이는 중앙을 기준으로 동·서·
남·북 오방(五方)에서 일어난다. 오행을 기준으로 먼저 좌·우의 기운을
보면 우는 양의 기운이고 좌는 음의 기운으로 풀이하며 민천식 화관무
의 춤사위가 규칙적으로 좌·우의 움직임을 연속한다는 것은 음양의
조화로 설명한다. 무원이 앞으로 나갔다가도 다시 뒤로 되돌아와 제자
리를 잡고 춤을 추는 것 또한 중심을 기준으로 좌·우와 전·후를 아우른
이러한 움직임은 오행의 조화를 이루기 위한 것이다.

  특히 타령장단의 대표 춤사위인 사방돌기는 화합의 토(土)를 의미하
는 중심 무원이 남(南: 火)의 방향을 시작으로 좌방향인 남·서·북·동,
우방향인 남·동·북·서로 양방향으로 원을 그리며 회전하는데, 이는
오행사상에서 화·금·수·목과 화·목·수·금의 화합과 조화 및 순환을
의미한다.

[좌우 반복 춤사위]

(2) 상체 춤사위의 태극 분석

음양오행과 태극의 중심인 기(氣)는 끊임없이 연속되는 순환과 상생 속에서 조화를 이루며 우리 전통 춤사위는 이러한 사상적 체계를 근본으로 한다. 또한 태극은 우주 존재의 원리를 논하는 핵심으로 동양철학 사상의 근간이 되어왔다.[52] 음양오행과 더불어 태극은 우주 만물의 생성 논리에 핵심이 되는 것이다. 태극의 글자를 그대로 풀이하면, 공간적인 의미로 '클 태(太)', '덩어리 극(極)'으로 큰 덩어리라는 의미이고, 시간적 측면의 의미로는 '처음 태(太)', '끝 극(極)'으로 처음부터 끝까지라는 뜻이다. 이는 공간적, 시간적 의미 모두 끝이 없이 무한하다는 뜻이기에 무극(無極)으로 보았다.[53] 태극론을 체계적으로 정립시킨 주돈이(周敦頤)는 그의 저서 『태극도설(太極圖說)』에서 '태극-음양-오행'의 구도를 정립하였다. 이러한 태극론의 기반이 된 성리학이 조선시대 지배적인 사상의 배경이 되면서 생활양식에 커다란 영향을 미치며 전파되었으며 조선 말기에 이르기까지 이러한 유교의 세계관이 우리 민족적 사상으로 동일시되었다.[54]

『태극도설』의 내용을 살펴보면, "무극(無極)이면서 태극이다. 태극이 움직여 양(陽)을 낳고, 움직임이 극에 달하면 고요해진다. 고요해져서 음(陰)을 낳고, 고요함이 극에 달하면 다시 움직인다. 한번 움직이

---

52 황영오(2015), 「朝鮮時代의 太極論에 관한 硏究」, 원광대학교대학원 박사학위논문, p.12.
53 김석진(1999), 『대산주역강의1』, 한길사, p.62.
54 한국민족문화대백과사전 편찬부(1991), 『한국민족문화대백과사전·17』, 한국정신문화연구원, pp.480~482.

고 한번 고요한 것이 서로 그 근거가 된다. 음과 양으로 나누어짐에 양의(兩儀)가 정립되었다. 양이 변화하고 음이 합하여 수, 화, 목, 금, 토를 낳는다. 오기(五氣)가 고르게 퍼져 사시(四時)가 운행된다. 오행은 하나의 음양이고, 음·양은 하나의 태극이다. 태극은 무극에 근본 한 다. 만물은 끊임없이 생성되어 변화가 무궁하다."[55]라고 설명하고 있 다. 이는 음과 양은 끊임없이 순환하며 그 순환의 중심에 태극이 있고 태극은 모든 현상의 변화에 핵심이고 만물의 근본이 된다는 것이다. 이렇듯 태극을 중심으로 한 음양과 오행의 순환 원리는 만물 생성의 근원적 의미가 되었으며 이러한 사상체계는 우리 춤 움직임 원리와 사상에 근원이 된 것이다.

민천식 화관무에서 태극의 순환적 움직임은 상체사위 특히 팔사위에 서 두드러진다. 이는 신체를 중심으로 양팔이 유기적으로 공간을 지배 하기 때문이다. 팔사위는 대부분 궁체로 연결된다. 이는 신체를 중심으 로 좌우·상·하 대칭으로 움직이는데, 이러한 상체사위의 움직임을 태 극사상의 원리로 살펴보았다. 따라서 상체 춤사위에 담긴 움직임 원리 의 사상적 체계를 정리하는 데에 그 의의가 있는 것이다. 태극을 지극히 큰 움직임의 근원이라고 표현한다. 이는 우주만물이 생성하는 이치의 근본이고 음양 조화의 바탕[56]이라고 앞에서 정의하였다.

주희는 "오행은 하나의 음양이고, 음양은 하나의 태극이며, 태극은

---

55 장은석(2008), 「陰陽五行에 의한 象徵造形에 關한 硏究: 韓國人의 造形思考를 中心 으로」, 한양대학교대학원 박사학위논문, p.17.

56 황의동(2001), 『율곡사상의 체계적 이해』, 서광사, p.104.

본래 무극이다."[57]라고 주장하였고 "오행은 하나의 음양이며, 음양은
하나의 태극이니, 태극이 있고 난 뒤에 따로 음양·오행을 낳아서 음
양·오행에 앞서 먼저 태극이 있는 것이 아니다. '무극이면서 태극이
며', 태극은 본래 무극이니', 무극이 있고 난 뒤에 따로 태극을 낳아서
태극에 앞서 먼저 무극이 있는 것이 아니다."[58]라고 태극과 음양·오행
의 관계를 설명하였다. 이는 음양만 있고 태극이 없을 수 없으며, 태
극과 음양은 별개로 생각할 수 없는 조화와 상생의 원리인 것이다.

민천식 화관무의 춤사위 중 이러한 태극의 이치가 잘 드러나는 상
체 춤사위를 살펴보면 다음과 같다. 민천식 화관무의 상체 팔 사위는
주로 궁체로 연결되며 양팔의 움직임은 모남이 없는 곡선을 그린다.

궁중정재의 영향이기도 하지만 그 내면에 곡선이 주를 이루는 우리
춤의 원리가 근본적으로 자리하고 있기 때문인 것이다. 또한 양팔의
움직임은 주로 무원의 몸을 중심으로 대칭을 이루며 움직인다. 오른
팔을 앞으로 들어 감으면 왼팔은 허리 뒤로 감아내고 왼팔을 위로 들
어 곡선으로 흐르는 궁체를 그리면 오른팔은 가슴 앞으로 와 궁체를
그린다. 이렇듯 양팔의 움직임은 좌우가 서로 대칭을 이루며 물이 흐
르듯이 연결된다. 무원의 신체를 중심으로 좌우 양팔이 유기적으로
움직이는 것은 양극을 이루는 양팔이 무한한 공간을 그리며 음과 양의
기운을 생성하고 순환하는 현상의 표현인 것이다. 좌우의 양손은 무

---

57 『朱熹集』45卷: 五行一陰陽也, 陰陽一太極也, 太極本無極也.
58 『朱子語類』94卷: 五行一陰陽, 陰陽一太極, 則非太極之後, 別生二五, 而二五之上,
先有太極也, '無極而太極''太極本無極'. 則非無極之後, 別生太極, 而太極之上, 先
有無極也.

원의 신체를 중심으로 양 끝점인 극이 되는 것이고 손끝이 그려내는 무한한 공간은 음양의 기운으로 연결된다. 특히 민천식 화관무에서 양손에 낀 한삼은 공간의 확장을 유도하며, 유려한 움직임은 하나의 획으로 더 긴 연장선을 만들어 공간을 주도하는 역할을 한다. 한삼의 활용은 점으로 끝맺을 수도 있는 양팔의 사용을 하나의 획을 이루고 그 공간을 무한하게 하며, 좌우·상하로 연속되는 공간에서 한삼을 활용한 팔 사위로 주도되는 무원의 움직임은 무한한 공간에서 태극을 그리며 음양의 생성과 조화를 표현한다.

민천식 화관무의 여밈사위를 살펴보면 몸통을 중심으로 양팔은 곡선을 그리며 움직이고 이는 무원 중심의 움직임 공간에서 큰 원을 그려내며 한 손은 하늘로 다른 한 손은 땅을 향해 움직인다. 이러한 움직임은 양의 의미인 하늘과 음의 의미인 땅, 그 사이에 사람이 중심이 되어 음과 양의 움직임을 주도하고 끊임없이 순환하는 태극의 원리를 담고 있는 것이다. 특히 하늘과 땅의 중심에서 사람을 우주의 순환체계를 주도하는 역할로 그려내며 우주원리의 중심으로 인식하게 하였다. 김나연은 여밈사위를 다음과 같이 설명하고 있다.

> "오른팔이 하늘로 올라가면 동시에 왼팔은 땅으로 내려오고, 왼팔이 하늘로 올라가면 오른팔은 또 같이 땅으로 내려오고, 그런 다음에 다시 두 팔을 모아서 하늘을 향하고, 하늘과 땅 사이에 사람이 있지요. 그 사람이 중심이 되어서 하늘과 땅과 사람이 하나가 되는 거래요. 우리 선생님(민천식)이 늘 말씀하셨지요. '근본은 사람이야'라고 ……"

여밈사위: 천지인 합일을 의미하는 춤사위로 양팔이 무원의 몸을 중심으로 태극을 그리며 연결된다. 몸으로 감았던 손은 몸 중심으로 원을 그리듯 풀어내며 오른팔은 위로 왼팔은 아래를 향하여 태극을 그리고 이를 다시 무원 중심의 공간에 원을 그리듯 수평으로 풀어냈다가 왼팔을 위로 오른팔을 아래로 향하게 하며 풀어낸다. 먼저 위로 올리는 오른손은 손바닥을 위로 향하게 하여 올리며 왼팔은 이와 함께 아래로 움직이고 다시 위로 올라가는 왼손을 풀어내어 반복하는데 양팔은 몸을 중심으로 큰 원을 그리며 궁체 춤사위로 전개된다. 이때 호흡은 1박과 3박이 들숨이며 양팔을 벌려 몸 밖으로 확장할 때와 들어 올릴 때의 호흡이고 2박과 4박은 날숨으로 수평으로 풀어서 멈출 때와 위와 아래로 태극의 팔 사위를 만들어 정지할 때이다. 하체는 2박 1보로 작은 보폭을 만들어 뒤를 향해 딛고 호흡과 함께 굴신이 이어진다.

[여밈사위][59]

여밈사위 후에 이어지는 동작은 하늘을 향해 올라가 있는 왼손을 따라 오른손을 다시 하늘로 올려 두 손이 합을 이룬 후 한삼을 하늘을 향해 뿌리고 다시 두 팔이 내려와 몸을 감으며 제 자리를 찾는 동작이다. 김나연의 설명처럼 여밈사위의 동작은 '천지인합일(天地人合一)'을 의미한다. 하늘과 땅의 조화 즉 음과 양 두 극의 조화이고 음과 양은 계속적으로 순환한다. 이에 좌우의 움직임과 상승과 하강 움직임의 순환은 음양과 더불어 오행적 원리로 해석할 수 있다. 이렇게 표현되는 춤사위

---

59 차지언(2017), 앞의 논문, p.49. 재구성.

뿌리고 감는 사위: 여밈사위와 연결 동작으로 오른손을 원을 그리며 천천히 들어 올려 머리 위에서 양수 합 사위를 한 후 한삼을 하늘로 뿌리며 풀어내고 다시 양팔을 몸으로 끌어와 감을 사위를 한다. 이때 하체는 굴신과 돋움으로 연결하며 한삼을 하늘로 뿌려낸 후에는 팔을 내리며 세전으로 한 장단 걸어 나와 굴신으로 마무리한다.

[여밈사위와 연결되는 춤사위]

는 태극의 기운과 같이 무원이 팔 사위로 몸 중심에서 좌우 사방을 그려내 무한한 공간을 아우르는 그 기운의 흐름이 무궁함을 의미한다.

좌우치기 춤사위는 양팔을 옆으로 확장하여 한삼을 뿌리고 몸으로 가져와 어깨에 얹는 사위로 반복 동작으로 표현한다. 무원의 몸을 중심으로 기를 모아 추는 춤사위가 주를 이루는 민천식 화관무에서 좌우치기 춤사위는 신체의 확장이 가장 큰 춤사위로 활개를 펴는 춤사위의 강조를 위해 다시 양손으로 몸을 감싸는 동작과 연결된다. 좌우치기는 양팔을 몸 중심 밖으로 밀어내 활개를 폈다가 다시 양팔을 몸으로 끌어오는 복합 춤사위로, 어깨에 한 손을 얹은 채 정지하여 호흡으로 좌우새 춤사위를 연결한 후 마무리한다.

좌우치기 춤사위는 몸을 중심으로 양팔을 확장하고 응축하는 반복의 형태로 양손의 움직임이 한 번 양(陽)을 향해 올라가게 되면 다시 한번은

좌우 치기: 활개펴고 다시 감는 연속춤사위인 이 춤사위 또한 1박과 3박이 강으로 1박과 3박에 몸 중심에서 밖으로 팔을 확장하여 뿌리고 다시 2박과 4박에서 양팔을 몸의 중심으로 감아오는 동작이다. 하체는 세전으로 걸어 나가며 제자리로 돌아올 때는 팔을 감아 어깨로 얹어 여며진 팔 사위를 유지한 채 뒤로 4보 세전 걸어 나와 제자리로 온다.

[뿌리고 얹는 춤사위]

음(陰)을 향해 감아 내림으로써 음과 양이 끊임없이 연결되는 형태를 볼 수 있다. 김나연은 좌우치기의 춤사위를 다음과 같이 설명한다.

> "활개를 펼 때도 호흡이고 감아올 때도 호흡이지. 큰 호흡으로 양팔을 들어올려야 크게 뿌릴 수 있고, 호흡을 내쉬지 않으면 양팔을 빨리 몸으로 가져올 수 없어요. 그리고 팔은 무조건 곡선을 그려야 해요. 한삼을 뿌리는 팔도 궁체로 곡선을 유지하고 감아 올 때도 원을 그리듯이 곡선으로 감아와야지요."[60]

김나연의 설명처럼 한삼을 동시에 좌우로 크게 뿌리며 기운을 확산시키는 '한삼의 뿌림'이 본 춤사위의 핵심이다. 한삼을 뿌리고 감음에

---

60 김나연 구술채록(2019년 6월 22일).

있어 직선(直線)이 아닌 곡선의 움직임으로 원(圓)을 그리는 것은 춤사위의 기운을 무한한 우주 공간으로 확장해내는 의미를 담고 있다. 민천식 화관무의 팔 사위는 대부분 무원의 몸을 중심으로 곡선을 그리며 움직이고 한삼 또한 곡선 뿌림으로 공간에서 이어지는 양 한삼 채의 끝은 서로 합(合)이 되어 하나의 원을 그린다. 춤사위가 춤 공간에서 그려내는 원의 의미는 우주의 무한공간에서 생성되는 만물의 기운을 의미하며 그 중심에 서 있는 무원은 그 공간의 중심인 사람이 생명력을 주도하는 역할임을 강조한다. 또한 양팔로 그려내는 태극의 곡선은 양극의 기운이 끊임없이 순환하는 기의 움직임을 의미하며 이는 끝이 없는 우주와 자연의 움직임, 변화와 생성과 순환의 영원성을 춤사위에 담아내는 것이다. 이는 양극이 서로 무한한 공간을 하나로 지배하는 태극의 원리를 표현해내는 것이다.

엎고 젖히는 춤사위: 오른발을 딛고 일어나는 힘으로 오른손을 앞으로 끌어 올려 한삼을 엎고 왼발을 딛고 감아 돌며 왼손을 머리 위에서 젖히는 춤사위이다.
양팔은 궁체로 완성하여 곡선을 그리며 신체를 중심으로 태극을 그리고 이렇게 그려진 양손 끝을 연결하면 하나의 큰 원이 된다. 호흡은 1박과 3박이 들숨으로 팔을 들어 올려 한삼을 엎고 젖힐 준비를 하며 2박과 4박은 날숨으로 호흡을 풀어내며 한삼을 엎고 젖혀서 감아낸다.

[엎고 젖히는 춤사위][61]

한삼을 엎고 젖히며 몸을 회전하는 춤사위로 이 동작 또한 좌우를 반복하여 진행된다. 한삼을 무원의 몸 앞에서 엎을 때, 엎는 손과 연장된 한삼 끝은 공간에서 원을 그리고 머리 위로 올려 젖혀지는 한삼 또한 원을 그리며 제자리에서 회전한 후 양손을 감아 마무리한다. 양손이 서로 다른 높이에서 순차적으로 원을 그리고 몸을 축으로 회전으로 마무리하는 것은 천지사방 우주 공간을 아우름을 의미한다. 이는 지구의 자전과 더불어 지구를 둘러싼 우주 기운의 흐름을 표현함으로 끝없이 원으로 순환하는 극의 형태를 나타내는 것이다. 민천식 화관무에서 춤사위의 곡선 지향(志向) 움직임과 좌우 반복과 양팔의 고·저 움직임은 음과 양의 조화로 보는 것이다. 태극과 음양오행은 서로 별개의 것으로 분리되는 것이 아니다. 함께 공존하며 서로 순환하는 영속성 안에서 유기적인 움직임을 하는 것이다. 음은 양으로 흐르고 다시 양은 음으로 흐르며 양과 음, 음과 양은 서로를 포함하고 있다. 그러므로 태극과 음양과 오행은 모든 우주와 만물 속에서 서로 의존하며 공존하는 하나의 순환구조와 움직임체계를 이루는 것이다.

(3) 천원지방

'천원'은 문자 그대로 '하늘은 둥글다'라는 뜻으로 고대부터 인식되어 온 중국의 우주관이다 '개천설(蓋天說)'이라고도 표현되는 '천원지방(天圓地方)'은 머리 위의 하늘은 둥글고 모난 땅은 발아래에 있는 형상으로 우주를 하늘과 땅 사이의 공간으로 해석한 것이다. 문자 그대

---

61 차지언(2017), 앞의 연구, p.47. 재구성.

로 천원지방은 하늘과 땅의 모양이 하늘은 원의 형태로 땅은 정방형의 평면 모양으로 상·하에 각각 위치한다는 의미로 땅은 고요하며 하늘은 극을 중심으로 회전하고 천체는 계절에 따라 서로 다른 반경의 궤도로 원운동을 한다는 이론이다[62]

천원지방에 대한 또 다른 관점의 해석으로 '하늘의 도리는 둥글게 도는 것이고, 땅의 도리는 맡은 바의 구석을 지키는 일이다.'라는 여씨춘추(呂氏春秋)의 관념적 해석이 있다. 이는 음과 양의 정기는 상반(相反)되고 하나는 위로 솟아오르고 다른 하나는 아래로 내려와 이들이 하나가 되어 만물을 이루고, 이것이 다시 일주(一周)를 순환하여 분화되는 방법으로 변화가 연속된다는 것이다.

또 다른 해석으로는 하늘을 왕으로 땅은 관리로 비유하여 왕과 관리의 도리를 말하는 것으로도 적용되었다. 왕은 나라와 백성을 위해 모두를 빠짐없이 살펴야 하고 그 어떤 것에도 경직됨이 없어야 하며 그 뜻은 사방으로 통해야 한다고 하였으며 관리는 직책과 직분이 정해지면 개인의 사심과 욕심을 버리고 맡은 바 책임을 다하여야 한다고 하였다.[63]

그러므로 땅과 하늘이라는 형상적 개념보다 하늘과 땅에 비유된 임금과 관리의 책임을 묻는 관념적 해석이 더 큰 의미를 지녔을 것으로 생각된다. 임금의 애민(愛民) 사상이 토대가 된 바른 정치와 관리들의 부패 없는 책임의식은 나라의 태평성대를 이끄는 가장 큰 힘이기 때문이다.

---

62 이문규(2000), 『고대 중국인이 바라본 하늘의 세계』, 문학과지성사, p.283.
63 여불위(2012), 『여씨춘추』, 글항아리, pp.98~101.

동양적 인식의 근본인 천원지방은 동아시아의 최초의 화폐인 엽전의 형태에도 그 사상이 담겨있다. 기원전 3세기경부터 유통된 동아시아 화폐의 시원은 엽전이다. 중국의 진(秦) 나라 시황제 때 제작된 반냥(半兩)이 그 최초의 엽전이다. 엽전의 테두리는 하늘의 형상을 본떠 둥글게 하고 중심은 땅의 형상을 옮겨 사각형으로 구멍을 냈다. 이후 우리나라 에서도 중국의 영향으로 고려시대의 건원중보(乾元重寶)를 시작으로 다 양한 주화가 천원지방의 사상을 담고 제작되었다.[64] 이렇듯 화폐의 제 작에 있어서 그 형태의 틀에 천원지방의 의미를 반영했다는 것은 동양 인의 중심의식으로 천원지방이 인식되어 있었음을 의미한다.

특히 화폐는 국가 경제의 상징이며 국가의 경제성장을 위한 기반이 다. 그러므로 화폐제작에 있어 당시 시대를 대표하는 사상적 이념적 원리와 더불어 국가 부강의 염원적 의미 또한 담겨있는 것이다. 하늘 의 이치와 임금의 애민사상이 토대가 된 정치와 각자의 책임을 다하는 모든 백성의 의지는 부강국가를 이루는 기본원리로 국가를 상징하는 하나하나에 국가의 부강으로 태평성대를 이루기를 바라는 마음을 담 아 만들어 낸 것이다.

민천식 화관무의 춤사위 중 사방돌기는 춤사위의 움직임 양식이 변 화되기 전 그 연결을 도와주고 전 장의 춤사위를 마무리하는 춤사위로 대표된다. 이는 궁중정재 춘앵전의 회란(廻鸞)의 형식과 유사하며 이 또한 좌우로 한 번씩 반복하기도 한다. 사방 돌기에서 발의 움직임은 무원이 제자리에서 발을 90°로 돌아가며 움직여 동서남북 사방을 향해

---

64 한국박물관연구회(2001), 『한국의 박물관4』, 문예마당, pp.62~63.

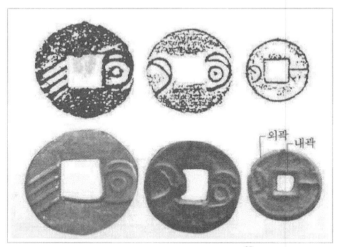

[천원지방의 의미를 담은 엽전모양[65]]

딛고 굴신하는 동작을 연속한다. 하체의 디딤은 사방위를 각각 가리키며 정방형의 동선을 그리고 상체는 하체의 움직임을 따라 유유히 원을 그리며 도는데 이는 동양적 인식에서 발이 딛는 사각은 땅을 상징하고 상체가 그리는 원은 하늘과 우주를 상징하여 하늘과 땅과 우주와의 조화를 형용한 것으로 볼 수 있다.

앞에서 언급한 바와 같이 민천식 화관무 또한 그 의미가 나라의 태평성대와 백성의 안녕을 기원하는 것이다. 민천식 화관무는 춤의 형식에 궁중의 형식을 담아냈고 그 사상적 기반 역시 애국 애민의 이념에서 탄생 된 것이다. 또한 사방을 향한 디딤은 무원의 몸을 중심으로

---

65 천원지방 화폐, 명도전, 출처: 고조선 그리고 요하문명
    http://blog.daum.net/daesabu/18286260 [2019년 9월 30일 검색]

오행의 조화를 의미하며 상체의 유유한 회전을 돕기 위해 들어 올린 팔 사위는 극을 중심으로 음과 양의 기운의 순환을 의미한다. 그러므로 민천식 화관무의 춤사위에는 천원지방의 사상적 체계와 더불어 동양사상의 원리인 음양오행과의 조화가 근본이 되는 것이다.

사방돌기 1: 양 팔을 수평을 유지하며 좌·우로 원을 그리며 돈다. 이때 발은 90°씩 돌아가며 사방을 향해 딛고, 상체는 유유히 회전하며 우주 공간을 아우르듯 원을 그린다. 좌우를 반복한다.

[사방돌기 1]

사방돌기 2: 양팔을 머리 위로 들어 올려 한삼을 넘기고 원을 그리며 돈다. 이때 발은 90°씩 돌아가며 사방을 향해 딛고, 중심 몸은 천천히 회전하는 축의 움직임으로 원을 그린다.

[사방돌기 2]

3) 굿거리장단: 육합과 삼재

민천식 화관무 굿거리장단의 춤사위와 구조 분석에서 주목할 만한 이론은 육합과 삼재 사상이다. 굿거리장단에서 춤사위의 움직임 원리와 구도와 형태 분석을 통해 육합과 삼재 사상의 내포와 그 사상의 표현을 이야기할 것이다.

육합은 하늘과 땅을 사방과 통합하여 아우르는 의미로 이 또한 동양의 대표적 사상 중의 하나이다. 육합이 오행과 더불어 만물에 의미를 부여했음을 앞서 설명한 것과 같이 악기제작의 원리를 기록한 악서를 통해 그 사상이 동양인의 사상적 기반이 되었음을 통시할 수 있다.

삼재란 천(天)·지(地)·인(人)을 의미하며 우주와 인간 세계의 기본적인 구성요소를 말한다. 삼재는 삼극(三極)과 같은 말로 극(極)은 글자 그대로 '집의 가장 높은 곳'을 일컬으며 '높다'라는 뜻으로 해석되고 이는 천·지·인이 바로 우주를 형성하고 인간사를 탄생시키며 결국 하나로 되돌아가는 원리로 우주의 최고 경지에 있음을 의미한다.[66] 삼재와 같은 의미의 삼극(三極)은 역학(易學)에서 세상의 법칙에 관련된 기술을 말한다. 삼재 또한 양극을 음양으로 보고 삼극의 순환을 그 원리로 보기에 삼재 즉 삼극 론 또한 음양오행과 같이 분리하여 생각할 수 없다.

민천식 화관무에서 굿거리장단 부분부터는 춤의 동작이 활달해지기 시작한다. 주요 춤사위에서는 민속적 성향을 보이고 무원들의 이동과 대형의 조형 등 춤사위의 변화가 두드러지는 부분이다. 타령장단 부분

---

66 高懷民 著·鄭炳碩 譯(1995), 『周易哲學의 理解』, 문예출판사, p.258.

이 궁중정재의 원리를 따라 움직임을 구성하는 데 중점을 두었다면 굿거리 부분은 형식이 다소 자유로워진다. 한삼의 뿌림 또한 그 기운이 강해지며 해서지역 탈춤 사위인 외사위, 겹사위와 유사한 형식의 춤사위가 두드러지게 나타난다. 특히 하늘로 뿌려지는 한삼은 땅의 기운을 끌어내는 돋움의 발 디딤이 신체와 합을 이루어 양팔이 하늘을 향해 한삼을 던짐으로 땅과 사람과 하늘을 하나로 이뤄내는 천·지·인이 하나가 되는 삼재 사상을 담고 있다. 몸을 굴려 돌아 내는 연풍대 춤사위는 무원이 몸을 낮춰 힘을 응축한 후 호흡을 들어 회전함과 동시에 발을 돋움하여 온 몸의 힘을 모아 양 손의 한삼을 하늘을 향해 뿌린다. 이러한 신체의 회전 움직임으로 무원들은 모든 공간을 하나로 모아 중심을 이루고 있는 대표 무원의 주위를 감싸며 화합하여 또 하나의 원을 그린다. 연풍대의 활달한 춤사위와 함께 만들어내는 원의 확장과 연속은 천지와 사방, 인간 세계와 우주를 하나로 보는 육합의 세계관이 내재 되어 민족의 안녕과 영원의 염원을 담아낸 것이다.

굿거리장단에서 한삼이 뿌려지는 방향에 따른 상체의 움직임은 타령장단의 춤사위에 비해 동적인 움직임이 여실히 드러난다. 팔을 들어 올리는 들을 사위의 춤사위는 무원의 시선이 하늘로 향하며 하늘에 대한 인간의 동경과 기원적 의미를 전달한다. 양팔을 몸 위로 들어 올려서 한삼을 확장하여 뿌리거나 윗사선을 향해서 뿌리고, 발을 돋움하여 한삼을 하늘을 향해 뿌려내는 등의 주로 한삼을 치고 뿌리는 춤사위로 연결된다. 여기에 상체 움직임은 하지의 도움으로 움직임의 범위가 확장되게 된다. 팔 사위에서 연속적으로 한삼을 뿌리며 움직이는 춤사위는 신체를 크게 확장하여 팔을 펴는 동작으로 상체의 움직임이 더욱 동적으로 나타난다. 양팔을 들어 올려 수평을 이루고 중심 무원의 주위를 모든 무원이 하나 되어 잔걸음으로 원을 돌아가는 춤사위는 더욱 역동적인 움직임을 보여준다. 민천식 화관무를 대표하는 핵심 춤사위인 연풍대는 원 대형의 집단이동으로 그 동적인 움직임은 배가 된다.

이 모든 춤사위는 타령의 정적인 동작들을 동적인 움직임으로 변화시키며 다음 도드리장단의 정적인 움직임으로 연결하기 위한 하나의 과정이다. 이러한 도드리→타령→굿거리에서 도드리로 되돌아오는 장단의 순환성을 춤사위로 표현하며 연속성의 의미와 더불어 우리 춤의 미적 표현 요소인 정·중·동의 움직임의 특성 또한 잘 표현되는 부분인 것이다.

굿거리장단에서 민천식 화관무 춤사위의 핵심인 연풍대를 다시 상세히 살펴보면서 삼재의 사상체계를 이해해 본다. 연풍대는 양손 연풍대와 외손 연풍대로 구분되며 외손 연풍대는 양손 연풍대보다 상하로의 중심이동이 확대되고 더욱 동적인 춤사위로 강조된다. 민천식 화관무의 연풍대 동작의 특징은 몸을 기울여서 돌아 상체의 회전력을 더해 일어나는 연풍대와 달리 온전히 하지 중심의 힘으로 몸을 회전하고 몸을 일으켜 세운다. 왼발을 딛고 오른발을 앞으로 모아 굴신으로 몸을 낮춘 다음 호흡과 함께 몸을 위로 밀어 올리며 회전하는 방법으로 이때 양팔은 몸을 감싸듯 원을 그려 몸 중심의 하단전 앞으로 모았다가 회전과 함께 몸을 세우며 양팔을 하늘을 향해 들어 올려 한삼을 뿌려낸다. 이는 몸의 중심을 하지 중심으로 내려 힘을 응축시킨 후 땅으로부터 끌어올린 기운이 몸통을 지나 하늘로 뿌려내는 춤사위로 땅과 사람 하늘을 연결하는 기의 흐름을 의미하며 이는 천·지·인 합일을 의미하는 삼재의 사상을 내포하는 것이다.

외손 연풍대의 경우 오른손으로 몸을 감아내듯 원을 그려 음의 형태
인 땅을 향해 한삼을 뿌리고 몸의 중심은 땅으로 더 가까이 내려앉아
몸을 더욱 낮춘 후 다시 몸을 곧추세우며 회전과 함께 왼손과 오른손을
순차적으로 하늘을 향해 들어 올려 한삼을 뿌리는 동작이다. 이는 땅에
서 하늘로, 음에서 양으로의 기운의 순환 형태로 한삼이 뿌려지고 있음
을 의미한다. 이때 신체의 상하 움직임과 양손의 한삼 뿌림이 두 극에
달한 상태로 양에서 음으로, 땅에서 하늘로의 기운의 흐름이 강조되는
부분이다. 하늘로 뿌려낸 양손은 다시 땅으로 내려와 몸의 뒤에 감아
숨기며 오른손의 한삼이 다시 음의 방향인 땅을 향해 뿌려질 준비를
하고 있는 모습이 된다. 연풍대는 이와 같이 음양이 반복되어 순환되며
신체는 땅과 하늘을 향해 수직으로 움직이고 팔의 모양은 곡선을 유지
한 채 태극을 그리는 형태를 보임을 확인할 수 있다.

연풍대의 이러한 연속 동작은 무원의 움직임이 땅의 기운을 하늘로
올려 극에 달한 후 다시 땅을 향해 몸을 낮추는 수직적 순환의 구조이
다. 또한 양팔을 감아 몸체 앞에 합을 이루는 양손을 하늘로 풀어낸
후 다시 허공에 원을 그려냄은 음과 양의 조화와 더불어 천지(天地)의
중심에 사람(人)이 있음을 강조하는 것으로 본다. 이에 무원의 몸을 감
싸며 곡선으로 움직이는 팔 사위는 사방의 기운을 무원의 몸 중심으로
끌어오는 형상으로 사방과 하늘과 땅의 조화 즉 천지사방의 아우름을
의미하는 육합의 사상을 나타내는 춤사위인 것이다.

양손 연풍대: 신체를 중심으로 양팔을 원을 그리며 중심으로 모아 그 힘을 하단전으로 전하여 오금을 굽혀 몸의 중심을 낮추고 힘을 응축한 후 호흡과 함께 몸을 들어 올려 회전하며 한삼을 하늘로 뿌려낸다. 연결 동작으로 앞으로 나아가 이동하고 왼발을 들어 올려 다음 연속되는 연풍대 동작을 준비한다.

[양손 연풍대 춤사위]

외손 연풍대: 신체를 중심으로 오른팔을 원으로 감으며 몸의 중심을 아래로 낮추어 앉는다. 양손 연풍대 보다 더욱 아래로 힘을 응축시킨 후 호흡과 함께 몸을 들어 올려 회전하며 양손의 한삼을 차례로 하늘로 뿌리고 앞으로 나아간 후 왼발을 들어 올려 다음 연속되는 연풍대 동작을 준비한다.

[외손 연풍대 춤사위]

맺고 푸는 사위: 양팔을 들어 올려 평거로 확장한 후 다시 몸 안으로 끌어오며 가슴 앞에서 양손을 감아 매듭을 만든다. 이때 몸을 움츠려 수축하고 들숨 호흡과 함께 몸을 끌어올려 양팔을 하늘로 향해 한삼을 뿌리고 다시 팔을 내리며 무릎을 굽힌다.

[맺고 푸는 춤사위]

엎고 젖히는 사위(비낄사위): 양팔을 아래에서 위로 끌어올려 머리 위에서 엎고 양손을 번갈아 가며 머리 위에서 비껴치듯 젖힌다. 양손을 엎을 때 몸의 중심은 무릎을 굽혀 낮추고 서서히 일어서며 양손을 번갈아 비껴서 한삼을 넘긴다.

[엎고 젖히는 춤사위]

앞에서 제시한 맺고 푸는 춤사위와 엎고 젖히는 춤사위는 같은 원리로 움직이는 춤사위이다. 먼저 맺고 푸는 춤사위는 양팔을 좌우로 들어 올리며 몸 밖으로 크게 밀어냈다가 다시 가슴 앞으로 끌어와 양손을 감아 맺으며 모든 기운을 몸의 중심으로 가져온다. 호흡과 함께 강한 디딤으로 몸을 세우며 양손을 감아 매듭을 만든 한삼을 머리 위로 뿌리며 풀어내고 다시 양팔을 원을 그리며 내린다. 맺고 푸는 이 춤사위를 김나연은 다음과 같이 설명한다.

> "세상 모든 기운을 내가 끌어안는다고 생각하고 두 팔을 가져와서 모아야 해요. 그래야 다시 크게 풀어낼 수 있거든. 온몸을 안으로 힘을 모았다가 한 번에 풀어내야 한삼이 힘차게 뿌려지지요."[67]

이 춤사위 또한 무원을 둘러싼 기운을 몸 중심 안으로 가져오고 한삼을 말아서 맺은 후 다시 하늘을 향해 높이 던지듯 뿌리는 형태로 움직임의 범위가 더욱 크게 확장됨을 볼 수 있다. 또한 한삼을 활용해서 추는 춤사위인 엎고 젖히는 사위는 한삼을 머리 위에서 엎기 위해 양팔을 아래에서 위로 끌어 올리는데 이때 온몸의 기운을 양팔로 보내며 몸을 확장한다. 기운의 확산이 극에 달했을 때 호흡을 크게 내쉬며 머리 위에서 한삼을 엎고 다시 호흡을 서서히 들이쉬며 한삼을 머리 위에서 젖혀서 넘기며 몸을 일으켜 세운다.

민천식 화관무 춤의 원리를 삼재사상에 입각하여 풀어내자면 무원의

---

67 김나연 구술채록(2019년 6월 22일).

몸 중심으로 단전 아래는 땅을 단전 위로 들어 올림은 하늘을 의미한다. 그리고 그 중심에 사람을 두어 각각의 움직임을 통해 기운의 흐름을 인지하며 그 사상적 의미를 되새기게 되는 것이다. 몸의 움직임은 호흡 이 주가 되므로 들숨의 양과 날숨의 음 기운이 유기적으로 순환하며 몸을 움직이게 하고 들숨의 확장적 동작은 동(動)으로 날숨의 수축 적 동작은 정(靜)으로 정의한다. 이는 음양(陰陽)과 더불어 정중동(靜中動)

복합 춤사위: 양팔을 들어 올려 하늘을 향해서 뿌리고 신체를 사선으로 옮기며 양팔도 사선을 그린다. 신체를 확장한 후 다시 손목을 몸의 중심으로 끌어당기고, 끌어당겼던 손을 다시 반대 사선으로 밀어내며 몸을 펴고 오른손을 하늘로 뿌리고 다시 어깨로 얹고 회전하며 오른손을 뿌리고 얹는 동작을 반복한다.(사선치기, 손목사위, 뿌리고 얹는 사위)

[복합 춤사위]

의 의미 또한 함축되어 있음을 보여준다. 그러므로 무원의 신체를 중심
으로 나누어진 상체와 하체의 움직임은 하늘을 향해 오르거나 땅을
눌러 딛는 움직임 모두 그 중심이 무원인 것이다. 이는 천·지·인 삼재
의 일치를 의미하고 그 중심은 반드시 인간임을 강조하는 것이다. 이러
한 움직임의 의미는 음양의 원리와 더불어 다시 정중동의 움직임으로
구분할 수 있다.

앞에서 설명한 춤사위는 각각의 동작 연결이 하나의 춤사위를 만들
어낸 복합 춤사위로, 사선치기와 외손뿌림사위와 엎는 사위, 그리고
손목사위를 포함하고 있다. 들숨과 함께 몸을 위로 끌어 올리며 한삼
을 하늘로 뿌린 후 사선으로 활개를 펴고 다시 손목을 끌어당기며 몸
중심으로 기운을 모아냈다가 반대 사선으로 몸을 다시 확장한 후 외손
뿌리고 엎는 사위를 반복하며 회전하여 기운을 풀어낸다.

들숨의 호흡과 함께 돋움 새로 몸을 가볍게 들어 올리며 양팔을 들어
올려 한삼을 하늘 위로 모아 뿌린 후 오른발 중심으로 이동하며 몸
방향은 우(右)사선을 향한다. 양팔의 모양 또한 오른손이 윗쪽 사선으로
왼손이 아래 사선으로 하여 몸과 팔을 사선으로 만들고 다시 왼팔을
윗 사선으로 밀어내고 중심을 왼발로 옮기며 사선을 만든다. 좌우 양방
향을 번갈아 양팔을 펴고 사선을 만든 후 다시 중심을 잡아 호흡과
함께 굴신하며 회전하고 오른손의 한삼은 하늘을 향해서 뿌리고 엎기
를 반복한다. 무원의 신체가 앞·뒤 즉 남과 북의 방향을 향해 굴신하고
회전하기를 반복한다. 사선치기 후에 이어지는 외손 뿌리고 엎는 사위
는 무원이 정면을 보고 오른손을 하늘로 올려서 한삼을 뿌리고 몸 방향
을 회전하며 오른손을 어깨에 엎고 뒤로 굴신한다. 땅을 딛고 일어서며

오른손을 하늘로 뿌리고 몸을 회전하여 다시 양손을 풀어 뒤로 모으며 정면으로 돌아오는 복합 춤사위의 연속 동작이다. 이는 무원의 신체 방향이 남북을 모두 가리키는 것과 동시에 회전으로 사방을 하나로 융합한다. 돋움과 함께 양의 기운인 오른손이 하늘을 향해 던지고 굴신 하며 어깨에 얹어 음의 기운으로 마무리하는 형태이다. 이는 천지사방 을 하나로 조화롭게 하는 육합과 음양오행의 사상의 원리가 잘 설명되 는 춤사위이다. 어깨에 한 손을 얹으며 무릎을 굽히는 동작은 무원의 몸이 무겁게 눌리며 그 기운이 안으로 응축되지만 바로 다시 하늘로 한삼을 뿌리기 위해 돋움새를 하는 움직임은 다음 동작의 연결을 위한 들숨 호흡이 하늘로 한삼을 뿌려내는 동작과 연결되며 그 기운을 확산 시킨다. 무원의 움직임 역시 사선과 상·하의 교차 움직임으로 동적인 이미지를 주며 이는 전체적으로 양의 기운을 보여준다. 한삼의 뿌림과 함께 빠르게 회전하여 제자리로 돌아오는 무원의 움직임을 통해 양의 기운이 극에 달함을 알 수 있고 동작을 맺기 위해 아래로 내리는 팔 사위를 통해 음의 극으로 이동하는 기운의 흐름을 볼 수 있다.

한삼을 하늘로 향해 뿌리는 상체 움직임은 대부분 상당히 동(動)적이 면서 양(陽)의 특성을 잘 보여주고 있다. 한정된 장단 안에서 비교적 빠르게 움직여야 하는 복합 춤사위는 동적인 이미지가 강하므로 양의 기운이 강하게 느껴진다. 하지만 양의 기운을 강하게 보여주기 위해서 는 직전 동작이 순간적으로 음의 기운을 가져야 한다. 그러므로 음이 없이는 양이 될 수 없고, 또한 양이 없이는 음이 만들어질 수 없는 것이 다. 이러한 음과 양은 서로 상이한 성격을 갖기는 하지만 조화를 이루며 이 조화로운 기운은 서로 극에 달해 극의 기운을 흐르게 하고 이는

사람 중심으로 천지와 사방을 움직여 만물이 동하게 하는 것이다. 그러
므로 음과 양, 천지와 사방, 하늘과 땅과 사람은 모두 각각의 움직임이
될 수 없으며 모두의 기운이 하나가 되어 조화를 이루어야 하는 것이다.

굿거리장단을 마무리하는 춤사위인 들을사위와 내릴사위는 하늘을
떠받드는 형상으로 양팔을 위로 들어 올려 왼쪽으로 먼저 돌아 내고,
사방을 아우르는 평사위로 다시 오른쪽으로 돌아 무릎을 굽히며 팔을
내려 몸을 감는다.

김나연은 들을사위를 양팔을 곧게 뻗치면 안 되고 양팔을 위로 들어
올리되 궁체를 유지한 체 손바닥이 서로 마주 보게 하여 사람이 하늘을
받들고 있는 형상을 유지해야 하며, 또한 양팔을 내려 평사위를 유지하
며 회전할 때는 사방을 돌아보며 유유히 회전해야 한다고 설명한다.[68]

들을 사위와 내릴 사위: 양팔을 하늘을 향해 들어 올린 후 무원은 왼쪽으로 돌며 평사위를 이룬
후 다시 오른쪽으로 돌아 양 팔을 내려 몸으로 감는다.

[들을사위와 내릴사위]

---

68 김나연 구술채록(2019년 6월 22일).

이는 사람이 하늘을 존중하고 사방을 돌아보는 마음으로 춤을 마무리해야 한다는 뜻이다. 천지사방은 사람을 위해 존재하고 사람은 이를 위해 예를 표하는 마음이어야 하며 이를 통해 하늘의 기운이 사람을 이롭게 한다는 유교의 예악 사상을 강조한다. 또한 천지와 사방의 기운을 아우르는 육합과 천지인 합일을 의미하는 삼재의 사상성을 의미하는 것이다.

굿거리장단의 춤사위에 있어서 하체의 동작은 굴신의 반복이 주가 되며 굴신의 높이에 따라 춤의 강약이 정해진다. 특히 돋움새가 돋보이는 한삼 뿌림의 동작은 신체 확장의 움직임을 한삼으로 더욱 강조하는 것이다. 동적인 동작의 흐름 안에서 움직임을 강조하기 위해서는 누르는 힘이 강해져야 하기에 몸의 높이는 더욱 낮추어진다. 또한 내딛기 위해 발을 들어 올리는 때에도 디딤발을 돋움 새로 써야 하는데 이때 도약을 위한 굴신과 호흡의 연결은 필수요소인 것이다. 잔걸음으로 무원이 이동할 때도 보폭은 발의 길이를 넘지 않으며 땅을 스치듯 한 걸음으로 빠르게 움직이는데 이 또한 호흡이 주도하여 몸이 흔들리지 않아야 하며 발은 땅과 분리되는 시간을 최소화해야 한다.

그러므로 삼재의 사상적 인식으로 해석하면 디딤은 땅의 기운을 의미하며 무한한 공간을 그리는 양팔 사위는 하늘과 우주를 상징하고 그 중심에 인간이 이를 통제(統制)하기도 화합(和合)하기도 하며 춤을 연속함으로 이루는 천지인의 조화가 바로 민천식 화관무 춤의 원리인 것이다. 이러한 구조는 공간 움직임을 구성하는 근본 원리로서 디딤이 작용하며, 디딤은 상·하체가 균형을 이루고 조화롭게 움직일 수 있는 근본이 되는 것이다. 이는 하늘과 땅이 균형을 이루기 위한 움직임으로 땅의 기운을 하늘로 풀어내는 그 중심에 인간이 존재하며 인간 중심으로 하늘과 땅의 기운이 하나 되어 조화를 이뤄내는 삼재 사상의 의미를 충분히 표현하고 있는 것이다.

3. 무도공간 구성의 사상성

화관무는 그 기원을 우리 전통춤 기원의 의미와 동일시한다. 구성원의 평안과 민족의 번영을 강구하며 함께 태평성대(太平聖代)를 염원하던 부족국가 제천의식의 탄생시기로 보며, 의식무인 원무의 양식적 특성을 모태로 본다. 우리 민족의 의식에서는 자연을 다스리는 힘이 하늘에 있어 자연의 순리에 순응하면서도 그 주도적 역할이 인간에게 있기를 열망했다. 이러한 인식은 바로 우주의 중심이 인간이라는 사상을 낳게 된 것이다. 이와 같은 인간 중심 사상은 하늘과 땅, 무한한 우주의 중심에서 기의 흐름을 인간이 주도하고 그 주위를 원으로 진을 치는 원형 구도의 춤을 구성 원리로 삼았다. 이러한 무도 공간구성 또한 삼재론을 비롯한 음양오행, 태극 등의 동양적 인식의 체계 안에서 구성되었다. 이러한 동양사상의 범주 안에서 민천식 화관무의 무도공간 사상성을 해석한다.

1) 대형구조의 일무적(佾舞的) 구성

일무는 주나라 때에 주공(周公)이 예(禮)와 악(樂)을 정비하며 고대 중국 육대를 이은 여섯 황제의 춤을 집성하여 만든 것이다. 일무(佾舞)

에서 '일(佾)'은 열(列)을 뜻하고, 그 열의 수는 주최하는 자의 사회적 신분을 나타내는 것이다. 일무는 육대대무(六代大舞)로, 〈운문(雲門)〉·〈함지(咸池)〉·〈대소(大韶)〉·〈대하(大夏)〉·〈대호(大濩)〉·〈대무(大武)〉 등 여섯 종류의 춤이다. 이는 각각의 제례의식에서 연행되었으며, 인재 양성의 교육적 목적과 국가 통치의 목적으로 활용되었다.[69] 국가 제례 에서는 반드시 두 종류의 춤을 배치하여 연행하는 것을 법도로 삼았다. 예(禮)의 절차를 행할 때 음식을 차려놓고 그와 함께 가무가 어우러지는 악(樂)을 연행하여 예악(禮樂)의 일치를 이루도록 하였다.

일무는 사람이 묘당(廟堂) 뜰 안의 땅을 딛고 하늘을 향해 감사와 기원의 제례를 지내는 일종의 예식으로, 공간적 특성에 기초한 천지인 사상이 내재되어 있다. 이는 다시 원·방·각으로 상징할 수 있는 것이 다.[70] 특히 문묘(文廟)에서의 일무는 유구한 역사와 함께 한 의식무용(儀式舞踊)으로, 인간의 근본을 탐구하여 전인(全人)에 이르는 동양철학적 사유에 바탕을 둔다. 일무는 유가의 가르침이 근본이 되어 도덕심을 배양하고 기본적인 예의를 몸과 마음에 갖추게 한다. 이렇듯 문묘일무 는 사람의 인성과 성품, 태도를 면밀하게 살필 수 있는 춤인 것이다.[71]

민천식의 화관무 또한 사상적 근원을 이러한 유가적 이념 아래 나

---

69 BAILU(2016), 「한·중 문묘일무의 역사적 전승과 철학적 의미」, 성균관대학교대학 원 박사학위논문, p.19.

70 김미영(2017), 「태극구조기본춤 舞蹈공간의 기호체계와 철학성에 관한 연구」, 성균 관대학교대학원 박사학위논문, p.20.

71 박지선(2019), 「동서양 예술론을 통한 한국 문묘일무의 예술교육적 가치정립 및 그 활용방안-공자와 존 듀이의 예술론 교차연구」, 『한국무용연구』 37(2), 한국무용연 구학회, p.180.

라의 태평성대를 구하는 이상 실현에 목적을 두고 지금까지 연행되어
온 것이다. 민천식은 애국과 애민의식을 토대로 인간의 신체로 풀어
내는 화려한 춤사위를 만들기 위해 궁중의 형식을 따랐다. 이는 화관
무를 통해 우아하고 숭고한 예술로 탄생한 것이다. 민천식 화관무는
춤사위에 형식적 미의 표현만을 중시한 것만이 아닌, 변하지 않는 민
족의 의식과 감성 그리고 민천식만의 의식세계를 고스란히 담아낸 도
(道)와 예(禮)의 예술인 것이다.

　민천식 화관무는 무원이 열을 맞추어 도열한 후 큰절을 올리고 일어
서서 춤을 시작한다. 이는 궁중의 형식을 따른 것이다. 창사 없이 절을
올려 예를 갖추어 시작과 끝을 알리는 향악정재의 형식을 따른 것으로
보이며, 열을 맞추고서야 본격적으로 시작되는 춤은 일무적 구성의 형
식을 갖춘 것으로 보인다. 민천식 화관무의 안무자인 민천식은 이왕직
아악부 무용부를 수료하였으므로 궁중정재의 형식에 대해 인식하였고,
이를 염두에 두고 화관무를 안무한 것이라고 양종승은 설명한다.[72] 특
히 등장과 함께 열을 맞추고 춤이 본격적으로 시작되는 타령장단의
경우 무원이 그 열을 벗어나지 않고 가로 세로의 열을 맞추고 춤을
추는 형식으로 진행되는데, 그 구도는 궁중의 형식을 가져온 것이고
그 중 일무적 구성 형식을 따른 것으로 보인다.

　중심 무원이 양쪽에 도열한 무원들을 이끌고 나와 자리를 잡는 형식
으로 4열 또는 6열로 진행된다. 민천식 화관무는 민가에서 생겨난 민속
춤이다. 그러므로 궁중의 형식을 그대로 따를 수는 없었으므로 이와

72　양종승 구술채록(2019년 7월 25일).

같이 변칙적인 일무의 구성을 이용한 것으로 보인다. 이에 시대의 변화와 함께 무대화되는 과정에서 공간의 이동은 관객과의 소통 방향으로 변화되었다. 또한 무원들이 열과 열 사이를 이동하는 구도의 활용으로 공간의 활용은 더욱 다양해지며 점차 무대화된 양식으로 전승되고 있다.

2) 삼재와 음양오행의 무도공간 활용

춤의 완성에 있어서 무도공간은 상당히 중요한 요인이다. 고대 부족국가에서 행해지던 기원적 의식무들은 하늘과 소통하기 위해 너른 마당에서 제의식을 지내며 연행되었다. 궁중정재 또한 나라의 태평성대를 염원하는 제례의 의식무를 올리기 위한 공간을 궁에 두었다. 하늘과 소통하며 국가의 안녕을 기원하는 국가의 집단적 행사를 치르기 위해서는 땅의 터와 방위, 공간의 구성에 있어 동양사상을 근원으로 규정해야 했으며, 이는 후대에 전통춤이 무대화되는 데 있어 그 공간 구성에도 승계되었다. 특히 하늘과 땅, 사람을 하나로 보는 삼재사상은 춤을 구성하는 모든 요소에 영향을 주었다. 이는 인간과 우주를 아우르는 근본이 삼재사상이라고 인식했음을 보여준다.

민천식 화관무는 주로 민중과 함께하던 원형 구도의 움직임과 정재의 형식을 따른 열 대형으로의 이동 구도로 나누어진다. 무원의 몸 방향은 주로 정면을 응시하고, 공간구성은 좌·우의 대칭과 사방의 활용, 원 대형의 이동 등으로 구분할 수 있다. 이에 무도공간을 열 대형 구도와 원 대형 구도로 구분하여 사상성을 규명하고자 한다.

(1) 열 대형 무도공간

궁중의 형식을 따른 도드리장단과 타령장단에서는 주로 열 대형 형식으로 무원의 움직임이 이루어진다. 도드리장단은 춤의 시작을 알리는 등장의 구도로 무대 양쪽 상·하수에 무용수들이 도열 하고 춤의 시작과 함께 중앙으로 움직인다.

[염불·도드리장단 입장형식]

사실주의 관점의 9구역 공간분할을 민천식 화관무의 무도 공간 오행 분석으로 보면, 북동, 남동, 북서, 남서에 각각의 무원들이 배치되어 있고 중앙에는 무리를 대표하는 무원이 자리하고 있다. 여기서 북동과 남동은 양이고, 북서와 남서는 음이며 중앙의 무원은 토에 해당하면서 이를 화합하는 구심점으로 인식된다. 무원들이 중앙으로 모여 열을 이루어 대형을 완성한 후에 본격적인 민천식 화관무의 춤이 시작된다. 이때 대표 무원은 중앙에서 모든 춤을 이끌어나가면서 구심점의 역할을 하고, 무원들은 무대 전반(全般)에 도열하여 정면을 향해 서서 춤을 진행한다.

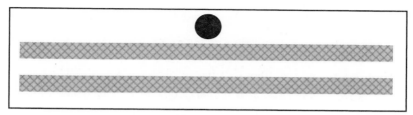

[열 대형 구도의 춤]

　본격적인 춤이 시작되는 타령장단에서 무대 중앙에는 춤을 이끄는 대표 무원이 무원들의 움직임을 조율한다. 이때 무원 모두가 전면 방향을 주로 응시하는데, 이는 춤의 전체적인 기운이 양의 기운을 가진다는 것을 보여준다. 이는 민천식 화관무에 내재된 의식적 요소인 태평성대를 위한 방안을 강구하는 것이며, 그 상징적 의미로 염원적 기운을 발산하도록 구조된 것이다.

　(2) 원 대형 무도 공간

　타령장단의 후반부와 굿거리장단의 무도공간은 무원들의 원 대형 움직임이 주를 이룬다. 원 대형이 주가 되는 움직임은 원진무의 형식을 따른 것인데, 이는 민속의 형식이 표현되는 부분이다. 원 대형으로 움직이는 무원들의 춤사위는 더욱 활발해지며 확장적 신체의 표현을 찾아볼 수 있다. 이 또한 민속의 춤사위의 형식으로 본다. 특히 원 대형의 움직임에서 무원들이 하나의 원을 이루어 춤을 추다가 두 개의 원으로 분리되었다가 다시 하나의 원으로 모인다. 이러한 원 대형의 춤사위는 화관무의 핵심 춤사위인 연풍대와 활개를 펴고 잦은걸음으로 이동하는 춤사위가 조화되어 춤의 절정을 이룬다.

　이는 공간의 화합을 주도하는 무대 중심의 기운을 음과 양으로 분리하여 음과 양의 공간을 지배하게 하고, 이 두 극의 기운을 다시 하나로 일체시켜 음과 양의 조화로 일치되는 하나의 공간을 만들어냄을 염두에 둔 것이다. 이는 한정된 공간에서도 양극의 기운을 발산하며 음은 음, 양은 양이 아닌 음은 양으로의 상승과 양은 다시 양으로 상승하기 위한 음으로의 회귀로 설명할 수 있다. 이에 두 원이 하나 되는 조화를 통해 마음을 하나로 모아 현세의 난국을 극복하려는 의지의 표출로 해석한다.

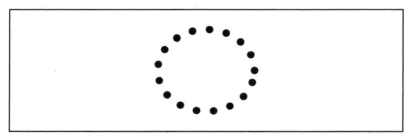

[원 대형 구도의 춤 1]

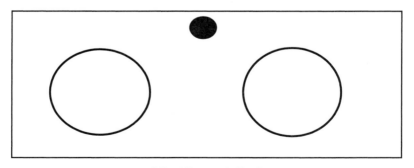

[원 대형 구도의 춤 2]

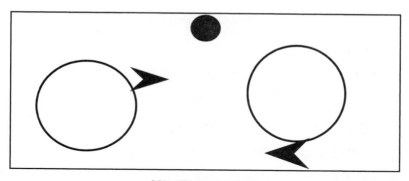

[원 대형 구도의 춤 3]

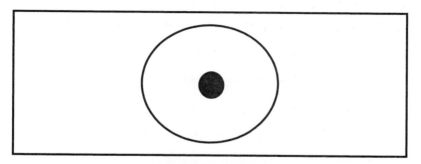

[원 대형 구도의 춤 4]

민천식 화관무의 무도공간의 움직임은 태극의 움직임이 다시 무극으로 환원되는 양상으로 설명할 수 있다. 대표 무원이 원의 중심에 서고 두 개의 원을 그리며 춤을 추던 무원들이 그 원을 풀어 하나의 원으로 만나며 중심의 대표 무원을 둘러싸며 한 방향으로 원을 돈다. 이를 음양과 오행에 입각하여 그 구도를 살펴보면 다음과 같다.

원 대형의 절정에서 네 방위에서 모인 무원들이 중앙의 중심 무원을 에워싸며 대표 무원을 중심에 두고 하나의 원을 만들어 잦은걸음으로 빠르게 이동하는 대형의 구성은 전체 무원들이 원을 북(北)의 방향에서 시작하여 우(右)에서 좌(左)방향으로 그 둘레를 돈다. 그리고 원 중심의 대표 무원은 남(南)에서 시작하여 좌(左)에서 우(右)방향으로 제자리 회전을 한다. 이 부분에서 남(南)은 양의 극대화로 동(東)을 거쳐 점차 음을 향해 가는 것으로, 음의 기운이 극에 달하는 북에서 다시 양의 기운이 생성하며 순환한다. 이는 모든 기운이 극에 달하면 다시 다음의 기로 흐르며 순환한다는 순환체계를 표현하는 것이다. 여기서 중심의 대표 무원은 양에서 음으로 회전하고, 무원들은 음에서 양으로 이동하는 것으로 음과 양의 조화, 오행의 합일 그리고 상생과 상극, 양극이 하나됨을 의미하는 것이다.

목·화·토·금의 음과 양의 기운을 하나로 만들어내는 것은 네 가지 기운의 흐름이 순탄하게 조화되도록 중재하는 기(氣)를 토(土)의 역할이 하는 것이다. 토의 기는 음과 양 어디에도 속하지 않으며, 음양의 중심이 되는 근원적 기로서 대표자가 그 중앙에 위치하는 것이다.[73] 민천식 화관무에서 중심 무원은 토의 기운으로 음과 양의 화합을 주도하는 음과 양의 주체이며, 오행의 주체가 되는 것이다. 오행은 각기 다른 특징을 지니지만, 하나의 특징에 머무는 것이 아니라 오행의 기운의 흐름에 따라 변화하면서 또 다른 탄생을 의미하는 것이다. 민천식 화관무에서는 춤사위 또한 오행의 순리를 따른다. 춤사위의 변화는 주로 음과 양의 조화로 설명한다. 이처럼 음양사상과 결합된 음양오행설은 음양과 더불어 오행을 우주와의 조화로 함께 해석하고, 이를 토대로

---

73 김지희(2003), 앞의 논문, pp.18~22.

변화와 생성의 원리에 적용할 수 있는 사상적 체계를 만들어낸다.

중심의 기운이 없이는 오행의 변화와 운동은 일어나지 못한다. 만물의 생성과 변화, 이 모든 것 또한 이러한 기운이 흐르는 과정을 거치면서 순환, 반복하는 것이다. 이것은 태극의 운동에 기인하며, 이것으로 각 개체의 위치에 따른 기의 양상이 변화되기 때문이다. 무극의 근저(根底)에서 태극의 기운이 움직이기 시작하면 양의 기운이 일어나게 된다. 이것이 극에 도달하면 음의 기운이 일어나며, 다시 음이 극에 달하면서 양이 일어나게 된다. 이렇듯 오행은 서로 상생(相生), 상극(相剋)하기도 하고 지속하며 변화하기도 한다.

이러한 특성은 우주 만물의 모든 현상이 상생상극하는 오행의 변화법칙에 따른 생장 소멸의 지속을 나타내는 것이다.[74] 춤사위 또한 음과 양의 적절한 교합 속에서 오행의 의미를 아우르며 하나의 완성체를 이룬다. 형체가 없는 무극(無極)에서 음과 양의 두 기운이 발생한다. 이는 하늘과 땅을 이루면서 다시 음양의 두 기운은 다섯 가지의 원소를 생성하는데, 이것이 바로 목·화·토·금·수의 오행인 것이다. 이러한 음과 양의 기운의 주기적인 순환으로 인해 형성된 음양오행사상은 동양문화권에서의 우주 인식 사상체계의 중심 원리이며, 우리 민족 우주관의 근본이자 사상적 원류인 것이다.[75]

주돈이의 『태극도설』에서는 "태극이 동하여 양을 생한다."라고 했

---

74 서승환(2007), 『四柱命理 韓方處方學 I』, 관음출판사, p.61.

75 지칠규(2008), 「태권도 수련문화의 철학적 구성원리에 관한 연구」, 경희대학교대학원 박사학위논문, pp.64~65.

고, 또 "정하여 음을 생한다"라고 하였다. 이는 이(理)가 움직여 양을 만들어내고 고요하게 하여 음을 드러나게 한다는 것을 의미한다. 그러므로 음양과 오행, 그리고 태극은 개별적 개체로 움직이는 것이 아니라, 하나로 조화되어 사상적 일치를 추구하는 것이다. 이러한 모든 음과 양, 오행, 태극을 둘러싼 기의 흐름을 그 현상으로 보고 파악할 수 있지만, 이렇게 표출되는 모든 기는 보이지 않는 이(理)가 조율하는 것이다. 이는 그 심성과 사상이 중심이라는 것을 뜻한다. 눈에 보이는 춤사위보다 그 춤에 내재된 사상과 의식이 춤의 전반을 주도한다는 것이다. 민천식 화관무 역시 확연히 구분되는 춤사위의 형식에서, 그 내면에서 춤을 주도하는 사상과 의식의 조화와 융화의 의미를 더욱 확대해석하게 된다. 이는 유형의 춤사위 [기: 氣]를 주도하는 것이 바로 춤과 무원의 사상과 의식 그리고 심성인 [이: 理]이기 때문이다.

춤의 종결을 위해 무원들이 모여 하나로 만들었던 원을 다시 풀어 2열 횡대로 간격을 맞추어 선다. 이는 처음과 같이 끝을 알리는 큰 절로 춤을 마무리하기 위함이다. 민천식 화관무의 주된 무도공간의 활용은 궁중의 일무적 구성인 열 대형과 민속의 구성인 원진(圓陣)의 대형으로 대표할 수 있다. 이는 민천식의 화관무 안에 궁중의 춤과 민속의 춤이 공존하고 있음을 잘 보여주는 양식이다.

궁중정재에서 일무의 형식으로 추어지는 정대업(定大業)은 그 구성에 오행을 적용하고 오행의 순서에 입각하여 무원과 악공을 배치하였다. 이는 우주의 공간과 시간의 개념을 춤의 구성에 적용하여 자연의 섭리에 순응하고자 함이며 태평성대를 염원하는 의지의 표출로 해석된다.[76] 보태평(保太平)과 함께 종묘제례(宗廟祭禮)에서 연주되는 조선시대를 대표하는 악무(樂舞) 중 하나인 정대업은 조선왕조 건국에 공을 세운 역대 왕들과 선조의 무덕(武德)을 찬양하는 내용이다. 건국 공신을 칭송하고 더불어 조선의 강건과 태평성대를 최고의 의미로 삼았기에 이는 민천식 화관무의 사상적 기반과도 일치한다. 그러므로 국가의 번영을 주도하고 민족의 안녕과 영원을 기원하는 의미를 극대화한 민천식 화관무의 무도공간 구성은 동양사상의 기반인 음양, 오행, 태극을 아우르며 우주만물의 발생과 조화의 중심에 우리 민족의 태평성대와 국가의 강건함을 염원하는 민족의식이 강조됨을 의미한다.

춤이란 하나의 사상, 하나의 체계로 그 구조를 풀이할 수 없다. 춤은 인간의 몸으로 표현하는 최고의 가치를 가진 예술인 것이다. 그러므로 민천식 화관무의 사상성을 해석함에 있어 우리의 사상적 원류인 동양사상을 포괄적으로 적용하였다. 동양사상의 인식 체계는 이를 개별적으로 구분한 독립적 의미를 제시하는 것 보다는 서로 상호 보완적 관계에서 조화롭게 순환한다고 보는 것이 합당하기 때문이다.

---

76 김득황(1958), 『한국사상사』, 한국사상연구소, 1973년 증보4판, p.203.

맺는 글

　지금까지 화관무의 기원과 내력을 탐구하면서, 황해도 무형문화재 제4호로 지정된 민천식의 화관무를 대상으로 전통춤으로서의 역사성을 규명하고 춤의 구성과 춤사위 분석을 토대로 사상성을 도출하였다. 현재까지도 무용사적 측면에서의 화관무에 관한 전반적인 연구는 다소 미진하다. 전통춤으로서의 화관무의 역사성에 관한 연구는 물론 춤의 전반적인 구조 분석과 사상성 등에 관한 연구 또한 상당히 부족한 것이 현실이다. 화관무는 신무용계열의 창작무용이라는 인식이 일반적이다. 그러나 민천식의 화관무는 기원적 의미에서 발생과 전승의 과정까지 유구한 역사를 가진 전통춤이라는 것 또한 분명한 사실이다. 이에 황해도 무형문화재 제4호 화관무의 전승 양상을 탐구하여 전통춤으로서 역사성을 제시하고 동양사상을 기반으로 하는 춤사위와 무도 공간의 분석을 통해 이론체계를 규명함으로써, 전통춤 화관무의 역사적·사상적 특성을 파악하는 데에 이 글의 목적을 두었다.

　이 글에서는 이러한 목적의 달성을 위한 구체적 방안으로 첫째로는 전통춤으로서의 민천식 화관무의 역사적 정립을 도모하고, 둘째로는 춤사위를 비롯한 민천식 화관무의 구성요소들을 분석하여 표현양식을 규명하며, 셋째로는 전통춤의 근원적 특성과 심성 및 의식을 토대로 사상성을 분석한다는 세 가지 세부목적을 설정하였다. 이를 위한 구체적인 구분과 설명을 더해, 첫 번째 세부목적인 민천식 화관무의 역사성 규명을 위해서는 민천식 화관무의 전승 양상을 소상하게 알아보았다. 구체적으로 1절에서는 한국 전통춤의 전반적인 역사체계를 고찰하였고, 2절에서는 민천식에 의해 재탄생된 화관무의 형식적 특성과 전승 양상에 대하여 살펴보았다.

한국의 전통춤은 고대 부족국가시대의 제천의식에서 기원하였고, 크게 궁중의 춤과 민속춤이라는 두 갈래의 양상으로 전승되었다. 특히 고려말 이후로 궁중과 교방의 활발한 교류 양상을 확인할 수 있었기에 궁중과 지역 교방과의 교류 과정에 관한 탐구는 3장 이후 진행한 해주 권번에 기반을 둔 민천식 화관무 전승 양상의 이해에 근거가 되었으며, 춤의 형식상 단락별로 변화되는 측면에 대한 논리적인 타당성을 제시하였다.

2절의 궁중과 교방의 교류 분석을 통해 민천식 화관무는 흐름과 정착의 배경요인이 확연히 입증되었다고 해도 과언이 아니다. 민천식 화관무는 발생의 지역적 기반은 황해도 해주지역을 근거로 하고 양식적 기반은 궁중과 교방의 교류 과정을 근거로 하여, 일제강점기 권번의 조직적 활동에 편승하여 형식적 완성을 거둔 산물이라고 정의하였다. 일제강점기의 암울한 시기에 민중들의 위안이 되었던 민천식 화관무는 연희의 기반인 해주지역이라는 공간적 배경과 기생조합인 권번의 형성으로 조직적 연희가 가능했던 시대적 배경을 가진다. 이러한 지역적 특성은 민천식 화관무가 가진 '지역 교방문화의 전승'이라는 문화적 특성으로써 그 설명이 가능하게 된다. 그리고 해방 이후의 연행상황, 한국전쟁 이후 남한에서 정착되어 현재 화관무의 전승기반이 되었던 시기와 황해도 무형문화재로 지정되는 과정에서 나타난 전승체계 및 연희양상의 변화, 그리고 현재 전승의 흐름에 관한 정리 등을 통해 민천식 화관무의 형식적 특성들이 구체화되었다.

한편 민천식 화관무의 안무자인 민천식의 생애를 예술 활동을 중심으로 성장기, 예인으로서의 활동기, 해주와 개성의 권번 활동기, 남한 정착기로 시대별로 분류하여 탐구하고 그의 예술적 활동도 살펴보면서 예인 민천식의 예술적 행보와 그 내면의 사상적 인식에 대한 인식이 더욱 확고해졌다. 민천식은 신지식인으로서 현실을 자각하고 민족의식을 고취하며 그의 춤 세계를 구축했다. 전통예술 계승이라는 사명감을 가지고 해서탈춤 및 황해도지역 전통예술 복원작업에 몰두하였다. 그의 이러한 노력으로 계승된 산물 중 하나인 민천식 화관무는 우주와 인간의 세계를 하나로 보는 인간중심의 우주론적 사상이 그 근간을 이루고 있다. 나아가 우주와 인간 세계와의 결합을 춤사위를 통해 구체화시켰고, 그 안에 자연스럽게 사상성을 정립하였다. 이렇듯 민천식의 화관무는 만물의 중심은 인간이며 인간중심 세계의 구축이 바로 인간이 염원하는 현실의 이상향이라는 의미를 담고 있다.

이어서 민천식 화관무를 구성하고 있는 요소들을 분석해보았다. 그 결과 삼현육각의 악기 구성으로 해서지방 특유의 피리 음색을 강조한 서도 풍류곡을 음악의 기반으로 하고 장단의 변화에 따른 춤의 변화에 특징을 두었음을 알 수 있었다. 무복은 궁중형식의 몽두리와 원삼, 황해도 지방의 혼례복을 토대로 발전하였다. 그 색의 조합 또한 궁중의 오방색과 민속의 색동이 조화를 이루었음을 알 수 있었다. 특히 화관의 역사적 활용에 대해 고찰함으로써, 화관의 상징적 의미가 화관무에 반영되어 우리 전통춤의 기원과 동일시되는 전개 양상을 통시(洞視)하였다.

민천식 화관무의 춤사위는 호흡이 주가 되는 상·하체의 조화로운 움직임으로 춤사위가 구성되었고, 그 전반에 걸쳐 경·중·동·정의 원리가 잘 구현되어 있음을 알 수 있다. 특히 궁중정재의 규칙성과 절제된 움직임에 민속적 표현인 활달한 한삼의 뿌림이 균형 있게 안배되어 안무되었음을 확인하였다. 또한 민천식의 화관무는 춤사위 구조와 형식의 변화 기준을 장단에 두었음에 착안하여, 도드리장단, 타령장단, 굿거리장단으로 구분하여 각 장단에 내재된 사상과 양식의 특징을 살펴보았다. 더불어 무도공간의 활용변화에 투영된 사상성을 대형구조의 일무적 구성과 음양오행의 무도공간 활용으로 나누어 분석함으로써, 각각에 내재된 궁중무와 민속무의 교합 양상을 확인하였다.

나아가 민천식 화관무의 춤사위와 무도 공간을 그 대상으로 설정하여 전통춤의 근원적 특성과 심성 및 의식을 토대로 사상성을 분석하였다. 분석의 대상이 되는 주요 이론적 배경으로는 우보, 음양오행, 태극, 천원지방, 육합, 삼재 등의 동양사상을 들 수 있다. 특히 이와 기의 대립적이면서도 상보적인 특성, 이와 기의 교류와 조화에 따른 창조성, 이와 기의 결합에서 기보다 이를 중시하는 규범성 등은 민천식 화관무 내에서 궁중무와 민속무가 지닌 양상과 매우 가깝다는 점도 알 수 있었다. 한편, 민천식 화관무의 화관무로서의 본격적인 시작과 전개의 과정이 우리나라에서 성리학의 전래 및 발전과정과 겹친다는 사실이 예술로서의 민천식 화관무에 미친 이기론의 사상적 영향력의 근거가 될 수 있다는 추론도 가능하다. 이와 관련한 향후의 연구가 기대되는 대목이다.

민천식의 화관무는 민족공동체 의식을 중요하게 생각하는 우리 조상들의 사고가 지역적 풍습과 어우러져 발생된 춤이다. 춤에 내재된 근본사상은 국가의 태평이지만, 그 궁극적인 목적은 백성의 평안을 강구하여 백성을 이롭게 하는 것이었다. 이는 곧 인간 존엄의 심성이 근본임을 보여준다. 민족의 정서와 심상을 담아 조화롭게 표현된 민천식 화관무에 나타난 사상성을 동양사상에 입각하여 규명하고 명확한 근본 원리의 체계를 확인함으로써, 전통춤으로서의 예술적 가치를 확립할 수 있었다. 향후 이러한 근본적 체계와 사상적 원리의 연구는 유구한 역사를 가진 우리 전통춤의 예술적 가치를 확립하는 토대가 될 것이다.

황해도 해주에서 토착화된 화관무는 민천식의 안무로 재탄생하여 전승 구도를 구축하였다. 분단 이후엔 남한 사회에 정착하며 이를 계승한 무용가들에 의해 현재의 전승체계를 갖추면서 전승 구도를 확립하였다. 유구한 역사를 지닌 화관무의 역사성 및 전승 양상 그리고 민천식 화관무의 형성 요소와 춤사위 분석을 통한 사상성 연구는 황해도 무형문화재 제4호 화관무의 전통춤으로서의 역사성을 규명하고, 지역적 특색을 담은 교방의 춤으로서 그 예술적 가치가 인정될 수 있다는 가능성을 제시하였음에 의미를 둔다. 우리 민족공동체의 염원과 함께 태동되었다는 역사체계와 민족의 희로애락을 고스란히 담고 있다는 내재된 의미 및 우주의 생성과 순환의 원리를 인식의 기반으로 하여 사상성을 확립했음에 큰 의의를 둔다. 이를 토대로 민천식 화관무의 전통성 확립과 전승의 확장성을 위한 후속연구가 꾸준히 지속될 수 있기를 희망한다.

참고문헌

1. 사전류

국립민속박물관(2017), 『한국 의식주 생활사전 의생활 편』.

_____(2016), 『한국민속예술사전』.

_____(2009), 『한국민속대백과사전』, 한국민속신앙사전(무속신앙편).

두산동아백과사전연구소(1999), 『두산대백과사전·13』, 두산동아.

_____(1999), 『두산세계대백과사전·19』, 두산동아.

_____(1999), 『두산세계대백과사전·20』, 두산동아.

메디컬코리아 편집부(2011), 『한국무용사전』.

서울대학교 교육연구소(1995), 『교육학용어사전』.

조선유적유물도감편찬위원회(2002), 『북한의 문화재와 문화유적1-5; 조선시대편』.

한국민족문화대백과사전 편찬부(1991), 『한국민족문화대백과사전·6』.

_____, 『한국민족문화대백과사전·8』.

_____, 『한국민족문화대백과사전·11』.

_____, 『한국민족문화대백과사전·13』.

_____, 『한국민족문화대백과사전·17』.

_____, 『한국민족문화대백과사전·22』.

_____, 『한국민족문화대백과사전·23』.

한국철학사전편찬위원회(2011), 『한국철학사전』.

조선유적유물도감편찬위원회(2002), 『북한의 문화재와 문화유적 1-5: 조선시대편』.

2. 원전류

『高峯全書』,「兩先生四七理氣往復書 下篇」

『正蒙』

『周易』「繫辭傳上」

『朱子語類』

『朱熹集』 45卷

『太極圖說』

『淮南子』

『三國志』

『魏志』

『大學或問』

『栗谷全書』

『抱朴子・內篇』

『呂氏春秋』

『三國史記』

『象山先生全集』

『氣測體義』

3. 단행본

高懷民 著/鄭炳碩 譯(1995), 『周易哲學의 理解』, 문예출판사.

국립무형유산원(2017), 『김실자 구술자서전 한바탕 잘 뛰었네』.

김득황(1973), 『한국사상사』, 한국사상연구소, 증보4판.

김말애(1996), 『한중일 궁중무용 변천사』, 경희대학교출판국.

김매자, 김영희 (1995), 『한국무용사(보완판)』, 삼신각.

김봉준(1989), 『쉽게 푼 역학・1』, 삼한출판사.

김부식 저, 신호열 역(1976), 『삼국사기』, 동서문화사.

김석진(1999), 『대산주역강의1』, 한길사.

김은정・임린(2009). 『역사속의 우리 옷 변천사』, 전남대학교 출판부.

김영숙(1998), 『한국복식문화사전』, 도서출판 미술문화.

김효분(2008), 『한국 제의식에 나타난 가무적 요소』, 한국학술정보(주).

류은주(2003), 『모발학 사전』, 광문각.

몽배원 저, 홍원식 등 역(2008), 『성리학의 개념들』, 예문서원.

문옥표(2000), 『조선시대 관혼상제 1: 관례, 혼례식』, 한국학중앙연구원.

박정자, 조성옥 외 6인(2010), 『역사로 본 전통머리』, 광문각.

박주현(1997), 『알기쉬운 음양오행』, 동학사.

서승환(2007), 『四柱命理 韓方處方學 I』, 관음출판사.

성기숙(1999), 『한국 전통춤 연구』, 현대미학사.

송방송(2007), 『증보한국음악통사』, 민속원.

_____(2012), 『한겨레음악인대사전』, 보고사.

송수남(1988), 『한국무용사』, 도서출판 금광.

양종승(2016), 『우리 춤 담론』, 민속원.

양진숙(2005), 『옛조상들의 모자이야기 조선시대 관모사전』, 화산문화.

여불위(2012), 『여씨춘추』, 글항아리.

유동현・윤현위 외(2018), 『인천의 마음고향 송현동』, 수도국산 달동네 박물관.

이문규(2000), 『고대 중국인이 바라본 하늘의 세계』, 문학과 지성사.

이현수(2012), 『기철학연구』, 한국학술정보(주).

장정용, 『韓・中 歲時風俗 및 歌謠研究』, 集文堂.

정병호(1985), 『한국춤』, 열화당.

정진한(2007), 『김백봉 화관무』, 한국학술정보(주).

한국박물관연구회(2001), 『한국의 박물관4』, 문예마당.

한동석(2001), 『우주 변화의 원리』, 대원출판.

황명자(2003), 『한국무용과 심리』, 도서출판 금광.

황의동(2001), 『율곡사상의 체계적 이해』, 서광사.

허균(1995). 『전통 문양』, 대원사.

4. 학위논문

김미연(2004), 「정월대보름 달맞이 춤 모형 연구」, 우석대학교교육대학원 석사
　　학위논문.

김미영(2008), 「악학궤범 당악정재 규칙성과 사상성 연구」, 성균관대학교대학
　　원 박사학위논문.

김미영(2017), 「태극구조기본춤 舞蹈공간의 기호체계와 철학성에 관한 연구」,
　　성균관대학교대학원 박사학위논문.

김윤주(2013), 「한영숙류 살풀이춤에 내재된 삼재론 중심의 음양오행」, 대구가
　　톨릭대학교대학원 석사학위논문.

김인자(2017), 「한국 전통 춤사위를 조형화한 칠보 장신구 연구」, 숙명여자대학
　　교대학원 석사학위논문.

김지연(2008), 「朝鮮時代 女性 禮冠에 관한 硏究」, 이화여자대학교대학원 박사
　　학위논문.

김지희(2003), 「한국 전통춤에 내재된 음양오행 분석을 통한 한국적 춤 교육
　　방안 모색」, 숙명여자대학교대학원 박사학위논문.

김초영 (2019), 「본 산대놀이 계통 가면극(假面劇) 복식 연구」, 전남대학교대학
　　원 박사학위논문.

김호석(2013), 「해서탈춤의 연행가요 반주음악 연구」, 단국대학교대학원 박사학
　　위논문.

당홍(2014), 「한·중 세시풍속 비교 연구: "4대 명절"을 중심으로」, 영남대학교
　　대학원 석사학위논문.

박상의(1978), 「색동에 對한 硏究」, 이화여자대학교대학원 석사학위논문.

박은미(2010), 「한삼에 관한 고찰 - 궁중정재에 나타난 한삼의 의미」, 대진대학
　　교대학원 석사학위논문.

박인수(2017), 「봉산탈춤의 역사적 변모와 연희성 연구」, 고려대학교대학원 박
　　사학위논문.

배민경(2017), 「음양오행을 통한 오방색에 대한 표현 연구: 본인 작품을 중심으
　　로」, 홍익대학교대학원 석사학위논문.

백경우(2011), 「이매방(李梅芳)춤의 양식 특성으로 본 역학(易學)적 분석-〈승
　　무〉·〈살풀이춤〉·〈입춤〉·〈검무〉를 중심으로」, 성균관대학교대학원 박
　　사학위논문.

백금자(2011), 「여원무 연희 연구」, 계명대학교교육대학원 석사학위논문.

오선희(2008), 「조선 시대 여자 비녀에 관한 연구」, 이화여자대학교대학원 석사

학위논문.

오임석(2008), 「색동을 중심으로 한 현대 한국화 연구」, 공주대학교대학원 석사학위 논문.

윤영숙(2015), 「공연예술로서 가·무·악의 통합과 분리 연구」, 단국대학교대학원 박사학위논문.

윤정원(2016), 「제의적 상징성을 지닌 화조성신도(花鳥星辰圖)의 현대적 변용」, 이화여자대학교 대학원 박사학위논문.

이상연(2013), 「천원지방(天圓地方)의 형태를 이용한 장신구 및 조형 연구: 직조기법을 중심으로」, 홍익대학교대학원 석사학위논문.

이정숙(2000), 「한국 전통춤의 삼재론적 해석」, 서울대학교대학원 석사학위논문.

임세경(2006), 「봉산탈춤의 전승 양상 연구」, 전남대학대학원 석사학위논문.

장은석(2008), 「陰陽五行에 의한 象徵造形에 關한 硏究: 韓國人의 造形思考를 中心으로」, 한양대학교대학원 박사학위논문.

지칠규(2008), 「태권도 수련문화의 철학적 구성 원리에 관한 연구」, 경희대학교대학원 박사학위논문.

차명희(2009), 「통영북춤의 역학적 원리 연구」, 성균관대학교대학원 박사학위논문.

차지언(2017), 「황해도 화관무를 활용한 초등무용교육 프로그램개발」, 춘천교육대학교교육대학원 석사학위논문.

한정언(2002), 「自然色體系로서 五方色原理의 構造的 特性과 그 現代的 意味에 관한 考察」, 이화여자대학교대학원 석사학위논문.

홍순이(2009), 「경산 자인 단오제 굿춤 연구: 권명화의 굿춤을 중심으로」, 용인대학교대학원 석사학위논문.

황영오(2015), 「朝鮮時代의 太極論에 관한 硏究」, 원광대학교대학원 박사학위논문.

BAILU(2016), 「한·중 문묘일무의 역사적 전승과 철학적 의미」, 성균관대학교대학원 박사학위논문.

5. 학술지

김미란·조남규(2016), 「중요무형문화재로 지정된 전통무용의 장단에 관한 고
　　찰-승무와 태평무를 중심으로」, 『한국무용연구』 34(3), 한국무용연구학회.
김지희(2003), 「한국 전통춤에 나타나는 음양오행적 표현, 움직임의 철학」, 『한
　　국체육철학회지』 11(1), 한국체육철학회.
김현자(1998), 「우보의 생성과 변천에 관한 탐구 - 신화, 사상, 의례의 역동적
　　상호작용에 관한 고찰」, 『종교연구』 16, 한국종교학회.
박지선(2019), 「동서양 예술론을 통한 한국 문묘일무의 예술교육적 가치정립
　　및 그 활용방안-공자와 존 듀이의 예술론 교차연구」, 『한국무용연구』 37(2),
　　한국무용연구학회.
유칭이·최춘월(2011), 「중국 고대무보의 유존과 當代 연구실태 개관」, 『국악원
　　논문집』 24, 국립국악원.
정우진(2013), 「抱朴子」「仙藥」편과 「登涉」편에 보이는 술수와 세계관 연구」,
　　『동서철학연구』 69, 한국동서철학회.
허동화(2006), 『우리가 정말 알아야 할 우리 규방 문화』, 현암사.
홍나영(2000), 「화관에 관한 연구」, jurnal of the korea sosiety of costume,
　　50(3), may 2000.
황경숙(2002), 「한국 전통춤에 내재된 사상과 의미」, 『한국체육철학회지』 10(1),
　　한국체육철학회.

6. 국외 문헌

昭陵博物館编(2006), 『昭陵唐墓壁画』, 文物出版社.

7. 국외논문

贾嫚(2012), "唐代长安乐舞图像编年与研究", 西安美术学院 博士論文.
贾嫚(2013), "'柘枝'从唐到宋之迭嬗", 文艺研究 2013年 08期.
闫琰(2017), "后蜀赵廷隐墓出土花冠舞俑与柘枝舞", 江汉考古 总第151期.

8. 인터넷 URL

한국무용사전, '최승희'
https://terms.naver.com/entry.naver?docId=798053&cid=42689&cat
egoryId=42689 [2020년 3월 2일 검색]

한국민족문화대백과사전, '단오'
http://encykorea.aks.ac.kr/Contents/Item/E0013638#self

한겨레음악대사전, '이왕직아악부'
https://terms.naver.com/entry.naver?docId=1956284&cid=60486&ca
tegoryId=60486

문화콘텐츠닷컴, '이왕직아악부'
https://terms.naver.com/entry.naver?docId=2023447&cid=50826&c
ategoryId=50826

브런치, '민족무용의 세계적 거장 최승희'
https://brunch.co.kr/@nogada/66 [2020년 3월 2일 검색]

한국민속대백과사전, '삼현육각'
https://folkency.nfm.go.kr/kr/topic/detail/6259 [2019년 7월 19일
검색]

문화재청, 문화유산, '삼현육각'
http://www.heritage.go.kr/heri/cul/culSelectDetail.do?VdkVgwKey
=22,00010000,23&pageNo=5_1_1_0 [2019년 7월 19일 검색]

한국민속대백과사전, '도드리장단'
https://terms.naver.com/entry.naver?docId=543508&cid=46661&cat
egoryId=46661 [2019년 7월 19일 검색]

한국민속대백과사전, '활옷'
https://folkency.nfm.go.kr/kr/topic/detail/7272 [2020년 1월 29일
검색]

한국민속대백과사전, '원삼'
https://folkency.nfm.go.kr/kr/topic/detail/7132 [2019년 1월 29일
검색]

조영환(2018), '윤동주의 평양숭실중학교 시절'
　　https://blog.naver.com/08skyoo/221202503209 [2019년 8월 3일 검색]
한겨레음악대사전, '개성팔경가'
　　https://terms.naver.com/entry.nhn?docId=1948079&cid=60486&cat
　　egoryId=60486 [2019년 8월 7일 검색]
한국향토문화전자대전, '무용', '민천식'
　　https://terms.naver.com/entry.nhn?docId=2623936&cid=51927&cat
　　egoryId=53653 [2019년 8월 9일 검색]
세계일보, '전설의 무희' 최승희, 알려지지 않은 이야기
　　http://www.segye.com/newsView/20170310002905?OutUrl=naver
　　[2021년 3월 1일 검색]
조선향토대백과민속문화관: 민속음악, '삼현육각'
　　https://terms.naver.com/entry.nhn?docId=2962905&cid=58101&cate
　　goryId=58101 [2019년 7월 19일 검색]
두산백과사전, '오방색'
　　https://terms.naver.com/entry.nhn?docId=1224298&cid=40942&cat
　　egoryId=33048 [2019년 7월 29일 검색]
네이버지식백과, '비녀'
　　https://terms.naver.com/entry.nhn?docId=1624807&cid=42940&cat
　　egoryId=42940 [2019년 7월 10일 검색]
천원지방 화폐, 명도전, 출처: 고조선 그리고 요하문명.
　　http://blog.daum.net/daesabu/18286260 [2019년 9월 30일 검색]

9. 구술채록

2019년 6월 22일 구술, 김나연 (황해도무형문화재 제4호 화관무 예능보유자)
2020년 11월 20일 구술, 김나연
2020년 12월 3일 구술, 김나연
2019년 7월 25일 구술, 양종승 (前 국가무형문화재위원)
2019년 7월 30일 구술, 김진환 (국악인·김뻑국예술단 대표)

2019년 8월 3일 구술, 김정순 (국가무형문화재 제34호 강령탈춤 예능보유자)
2021년 8월 20일 구술, 송정숙 (민천식 직계제자)
2020년 11월 24일 구술, 이장학 (국가무형문화재 제19호 선소리산타령 이수자)

10. 이미지 출처

12쪽, [2016 3인3색전 인천 계양문화회관] 우리문화신문
　　https://koya-culture.com/news/article.html?no=105886
　　[2021년 11월 24일 검색]

59쪽, [최승희 화관무] 대한민국역사박물관(국립중앙박물관).
　　https://emuseum.go.kr/m/detail?relicId=PS0100202500101569600000
　　[2020년 3월 2일 검색]

59쪽, [최승희 봉산탈춤] 한겨레신문.
　　https://www.hani.co.kr/arti/culture/culture_general/987962.html
　　[2020년 3월 2일 검색]

94쪽, [봉산탈춤 소무의 의상] 국립민속박물관 한국민속예술사전.
　　https://folkency.nfm.go.kr/kr/dic/21/picture/3750
　　[2021년 11월 22일 검색]

94쪽, [조선 후기 황해도 개성의 혼례복].
　　조선유적유물도감 편찬위원회(2002), 『북한의 문화재와 문화유적 1-5; 조선
　　시대편』, 서울대학교 출판부.

차지언

상명대학교 대학원 예술학 박사, 춘천교육대학교 대학원 교육학 석사
숙명여자대학교 무용학 학사, 황해도무형문화재 제4호 화관무 전승교육사
한양대학교 에리카 무용예술학과 출강, 세종대학교 미래교육원 무용학과 출강
사)한국무용협회 학술분과위원장, 사)한국전통춤협회 인천광역시지부장
사)무용역사기록학회 이사, 사)한국체육학회 학술분과위원
민주평화통일자문회의 이북5도지역회의 문화예술위원장
화관무보존회 서울특별시전수관 대표
차지언 한국춤연구소 대표, 나연무용단 대표

꽃이 되어 추는 춤
황해도 무형문화재 제4호 화관무

2021년 12월 3일 초판 1쇄 펴냄

지은이 차지언
펴낸이 김흥국
펴낸곳 도서출판 보고사

책임편집 이순민
표지디자인 손정자

등록 1990년 12월 13일 제6-0429호
주소 경기도 파주시 회동길 337-15 보고사
전화 031-955-9797(대표), 02-922-5120~1(편집), 02-922-2246(영업)
팩스 02-922-6990
메일 kanapub3@naver.com / bogosabooks@naver.com
http://www.bogosabooks.co.kr

ISBN 979-11-6587-262-5 93680
ⓒ 차지언, 2021

정가 15,000원